15분
트레이닝

15분

김종희
노형미
신경하 옮김

트레이닝

KSi 한국학술정보㈜

산다는 것은 움직이는 것, 표현하는 것, 자신의 몸을 사용해 표현하는 것, 즉 신체표현은 인간에게 있어 가장 자연스러운 행위이며 중요한 커뮤니케이션 수단입니다.

그러나 최근에는 컴퓨터의 보급으로 이 중요한 신체감각을 잃어버려 가는 듯한 느낌이 듭니다. 물론 컴퓨터로 인해 우리들의 생활이 확장되고 편리해진 것은 사실이나, 상대의 얼굴을 보지 않고 문자만으로 하는 커뮤니케이션에 너무 치중해버리면 신체감각뿐만 아니라 감동을 공유함으로써 생겨나는 상호이해라는 인간에게 정말로 중요한 관계성을 점점 잃게 되어 몸과 마음이 굳어져 버리는 것은 아닌가 하는 두려운 생각이 듭니다.

몸을 움직이는 것은 몸이 자유로워지는 것과 연결됩니다. 제가 이 책을 쓴 계기는 단지 살을 빼고 예뻐지는 것만이 아니라 몸을 움직임으로써 많은 분들에게 자신의 몸의 소리에 귀를 기울여 마음을 열고, 솔직하게 신체표현을 할 수 있게 되었으면 좋겠다는 생각에서였습니다. 대인공포증이나 우울증 등 최근 종종 접하는 마음의 병도 우선 몸을 움직이는 것을 시작으로 예방할 수 있습니다.

이 책에서 소개한 15분 트레이닝을 통해서 불필요한 지방이나 피로를 제거해 세포를 활성화시켜 면역력을 향상시킴과 동시에 원기 왕성하고 생기 있게 적극적으로 살아가는 '마음의 건강'도 반드시 손에 넣으실 수 있기를 바랍니다.

15분 트레이닝은 클래식 발레, 모던댄스, 피트니스, 요가, 댄스테라피[1], 필라테스[2] 등 여러 가지 운동과

1) 1940년대에 미국에서 탄생한 심리법의 일종. 미국댄스테라피 협회에서는 '운동·동작을 심리치료법으로 사용함으로써 감정과 신체의 일체감을 초래하는 것'으로 정의하고 있다. 즉 '댄스', '동작'이라는 신체적인 체험을 통해 마음의 문제에 접근하는 테라피.

건강법의 장점을 도입한 운동입니다. 기본적인 개념은 뭉쳐진 몸을 풀어 필요한 근육을 강화함으로써 체지방을 연소시키기 쉬운 몸으로 만드는 것입니다. 그럼으로써 바르게 근육을 사용하여 아름다운 자세를 유지하고 탄력 있는 몸매를 만들 수 있게 됩니다.

이 책에서 소개하는 운동을 일상생활에서 활용하여 한 분이라도 더 자신만의 멋진 미소를 가지시길 바랍니다.

지은이

---

2) 재활을 위해 고안해 낸 운동치료법으로 리포머(reformer)라는 기구를 사용하는 것이 특징. 그 후에 댄서 등의 트레이닝에 사용되었고 현재는 일반인에게도 널리 알려졌다.

목 차

제2장 매일 하는 기본 15분 트레이닝

제3장 살찐 부위를 더욱 날씬하게!

제4장 불쾌한 증상을 해소하여 건강하게!

몸매가
예뻐지는 15분 트레이닝

최근 '코라보레이션'이란 말이 있습니다. 코라보레이션이란 예술 등의 창작활동이나 연구활동뿐만 아니라 비즈니스 등에서도 일반적으로 널리 사용되고 있는 다수의 사람이 장르를 넘은 공동작업을 말합니다. 다시 말해 기존의 틀에 얽매이지 않고 다른 장르의 사람들이 제각기 풍부한 지식이나 경험을 결합시켜 새로운 무언가를 창출해 내고, 장르뿐만 아니라 나라, 시대, 문화를 넘어선 완전히 새로운 것을 생산해 내는 자유로운 발상을 말합니다.

운동의 세계에서도 '코라보레이션'이라든가 '융합'

혹은 '공생', '공존', '조화'라는 말이 키워드가 되었습니다. 발레는 발레, 요가는 요가, 에어로빅스는 에어로빅스라는 기존의 틀에 얽매이지 않고 글로벌하며 종합적인 관점에서 제각각의 뛰어난 부분을 토대로 조합한 보다 매력 있고 효과적인 새로운 운동이 탄생되고 있습니다.

운동이란 몸과 마음이 자유로워지는 것입니다. 형식이 아닌 동작이 자유롭고, 전신을 사용한 몸의 내면부터 움직이는 것입니다. 이런 움직임은 전신의 신진대사에 좋고, 체온 상승으로 날씬하고 아름다운 몸을 만들 수 있습니다

'잠을 험하게 자면 몸의 비뚤어짐이 없어진다'라는 이야기가 있습니다. 잠자는 자세란 무의식 상태에서 하는 몸동작입니다. 인간은 무의식 상태의 몸동작으로 자신을 자유롭게 하고 몸의 균형을 바로 잡는 것입니다. 아이들 중에는 하룻밤 사이에 1회전을 할 정도로 잠을 험하게 자는 아이가 있습니다. 그러나 어른이 되면 잠버릇도 좋아집니다. 이것은 다시 말하면 오히려

몸과 마음이 점점 굳어져 무의식 중에서 조차 자유롭지 하다는 게 아닐까요?

그러므로 운동으로 내면부터 몸을 움직이는 것이 중요합니다. 약 10분간 스트레칭으로 근육과 관절 등을 풀어준 다음 근력을 정확하게 움직여 강화합니다. 몸에 갖추어져 있는 메커니즘을 올바르게 기능적으로 움직여 주는 것만으로도 인간은 건강해지고 아름다운 몸매를 가꿀 수 있습니다.

몸동작을 정비해 주는 것은 자신과의 대화이며 그것은 마음의 여유로움으로 연결됩니다. 본래 움직여야 할 부분을 정확하고 효율적으로 움직일 수 있게 되면 몸과 마음이 하나가 되어 자유롭게 됩니다. 또한 그런 자유로움은 대인관계에서도 적극적이고 탄력 있는 생활을 가져다줍니다. 그것이 몸의 내면에서부터 나오는 진정한 아름다움이 아닐까요?

제1장

날씬하고 건강해지는
15분 트레이닝

자세와 동작 체크

아침에 여러분은 외출하기 전 거울을 보면서 화장을 할 것입니다. 전신거울에 자신을 비춰보고 옷의 코디나 밸런스를 체크하는 사람도 있겠지요. 그때 자신의 모습을 정면뿐만 아니라 옆·뒷모습을 본 적이 있습니까?

우리들은 얼굴을 포함한 몸의 정면에는 매우 신경을 쓰면서도 옆모습의 전신자세를 체크하거나 어떤 뒷모습으로 걷고 있는가를 신경 쓰는 사람은 의외로 적은 것 같습니다.

우선은 자신의 전신자세를 체크합니다. 거리를 걷고 있을 때 쇼윈도에 비친 자신의 모습에 조금만 신경을

써 보세요. 아무 생각 없이 서 있을 때나 걷고 있을
때 배가 앞으로 나와 있거나 새우등처럼 등이 굽어
있지는 않은지……. 또 허벅지를 들지 않고 다리를 질
질 끌며 걷고 있지는 않은지…….

자세가 나쁜 것도 허벅지를 들지 않고 걷는 것도
사실은 근육이 단련되어 있지 않아서 입니다. 등을 펴
고 배를 당긴 바른 자세를 유지하기 위해서는 복근이
나 배근이 필요합니다. 다리를 질질 끌며 걷는 것은
허벅지 근육이 쇠퇴해 버린 사람과 같은 상태라고 말
할 수 있습니다.

더 나쁜 것은 나쁜 자세가 때문에 몸의 여러 부분
에 부담을 주어 어깨 결림이나 요통 등이 올 수 있다
는 것입니다. 자세가 나쁘면 겉모습도 좋지 않을 뿐
아니라 몸 상태도 나빠집니다.

자세체크

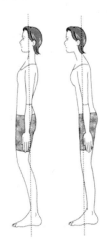

바른 자세
전신을 옆에서 봤을 때 귓볼, 어깨, 허리, 무릎, 복사뼈가 일직선인 자세. 풍선처럼 위로 끌어올려지는 듯한 느낌으로 머리를 들어 올리고 다리는 완전히 땅에 붙인다. 몸이 상하로 당겨져 똑바로 펴지는 것을 상상한다.

나쁜 자세
등이 굽거나 배가 나와 있으면 머리나 어깨, 허리가 쉬 피곤해지고 어깨가 결린다.

단련된 복근은 자연스러운 코르셋 효과

나쁜 자세를 교정하기 위해서는 굳어진 몸을 풀고 약해진 근육을 강화해야 합니다. 우선 등을 쭉 펴고 배를 당겨 똑바로 섭니다. 그것만으로도 복근이나 배근이 충분히 사용되고 있는 것을 느낄 것입니다.

운동생리학에서는 '몸의 모든 기관은 사용하지 않으면 쇠퇴한다(루의 법칙)'고 합니다. 즉 필요한 근육을 훈련시키는 것이 중요합니다. 돈은 쓰지 않으면 모이지만 근육은 사용하지 않으면 점점 줄어듭니다.

예를 들어 서 있을 때 배가 유달리 나오는 사람이 있습니다. 그것은 복근이 강화되지 않았다는 증거입니다. 배 부분에는 뼈가 없기 때문에 식사를 할 때 위가 늘어져 자연히 배가 나옵니다. 그것을 막아 주는 것이 복근입니다. 이 복근을 강화하면 복강압(배를 안쪽에서 누르는 힘)이 높아져 의식하지 않아도 배는 슬림해집니다. 강화된 복근은 상반신의 체중을 지지하는 자연스러운 코르셋 효과가 있습니다.

또한 일상생활 속에서 바른 자세가 되게끔 조금만 의식해도 훨씬 달라집니다. 서 있거나 걷고 있을 때 뿐만 아니라 앉아 있을 때나 계단을 오를 때 등 모든 동작에 있어 머리가 풍선처럼 위로 끌어당겨져 등이 쫙 펴진 자세를 머릿속에 그리며 신경을 씁니다. 자세가 개선될 뿐만 아니라 요통 등도 해소될 것입니다.

나아가 굳어진 몸의 근육이 풀려 유연성이 높아지면 몸의 자세나 동작도 부드러워집니다. 또한 등이 쫙 펴진 자세는 호흡도 좋아집니다. 깊은 호흡이 가능해져 혈액순환도 좋아지고 기초대사도 한층 상승됩니다. 즉 자세교정만으로도 살이 빠지기 쉬워집니다. 바른 자세는 겉모습도 보기에 좋고 건강도 유지하여 살이 잘 안 찌는 체질이 됩니다. 대수롭지 않은 동작이 주는 아름다움은 생각 이상이며, 아름다운 자세를 유지하는 것은 자신의 몸을 정확하게 의식하고 재검토하는 일입니다.

근육량을 늘려 체지방이 타기 쉬운 몸으로

15분 트레이닝의 특징을 한마디로 말하면 스트레칭과 간단한 근력운동을 맞춘 바디 컨디셔닝입니다. 스트레칭으로 긴장된 근육을 이완시켜 긴장을 풀고, 거기에 근력운동을 하는 것이 포인트입니다.

'기초대사'라는 말을 들어 본 적이 있으시죠? 기초대사란 인간이 생명유지를 위해 필요한 최소에너지 소비량을 가리킵니다. 사람은 자고 있을 때에도 특별히 운동을 하고 있지 않을 때에도 내장을 움직이거나 체온을 유지하기 위해 에너지를 소비하고 있습니다. 즉 그것이 기초대사입니다. 단, 이 기초대사에는 개인차가 있습니다. 기초대사가 높은 사람일수록 살이 잘 안 찌고 낮은 사람일수록 살찌기 쉽습니다.

그러므로 기초대사를 높이기 위해서는 근육량을 늘려야 합니다. 기초대사가 높은 사람이란 근육량이 많은 사람이라고 바꿔 말할 수 있습니다.

근육은 일상적인 동작이나 심한 운동을 할 때 힘을 발휘하는 것뿐만 아니라 혈액을 순환시켜 체온을 조정하는 중요한 역할도 합니다. 가만히 자고 있을 때에도 체온을 유지할 수 있도록 우리들은 근육에서 체내지방을 연소해 에너지로 바꾸고 있는 것입니다. 즉, 근육은 지방을 태워주는 소비공장입니다. 근육량을 늘리고 기초대사를 높이면 지방을 태우기 쉬운 체질이 됩니다.

그러나 안타깝게도 근육량은 나이를 먹어감에 따라 점점 감소합니다. 근육량이 감소하면 지방 태우기가 어려워져 지방이 축적되어 체지방률이 높아집니다. 또한 젊다고 해서 안심할 수는 없습니다. 아무리 젊어도 운동을 전혀 하지 않으면 근육량은 서서히 감소해버립니다.

'지금까지 해온 운동을 그만두면 바로 근육이 지방으로 바뀐다'는 이야기를 들은 적이 있을 겁니다. 근육량 감소란 기초대사가 떨어져 지방이 타기 어려워지므로 평소와 같은 식사량을 하면 살이 찌는 것이 당연합니다.

그렇다고 해서 식사량을 줄이기만 하면 해결되는 문제가 아닙니다. 물론 과식이 좋지 않을뿐더러 운동량이 이전보다 작아지면 식사량도 줄여야 합니다. 단, 식사량을 갑자기 많이 줄이면 근육량의 감소와 함께 기초대사도 떨어져 지방을 감소하기가 어려워집니다. 즉 살이 빠지기 어려운 체질이 되어 버립니다.

지방을 효과적으로 줄이면서 더 나아가 성인병을 예방하기 위해서는 적당한 양의 균형 잡힌 식사를 하면서 근력운동을 하는 것이 최상의 지름길입니다.

살 빼기 위해 필요한
'적근(赤筋)'과 '핑크근(筋)'3)

'근육을 강화한다'고 하면 바디빌더와 같은 울룩불룩한 체형을 상상하여 그런 몸 만들기를 꺼리시는 독자 여러분이 계실지 모릅니다. 하지만 그럴 염려는 없습니다.

먼저 말씀드리고 싶은 것은 심한 운동을 할 때 사용하는 근육과 지방을 연소시키는 근육은 다르다는 것입니다. 인체근육은 근 성질상 크게 '백근(白筋)'과 '적근(赤筋)' 2가지로 나누어집니다.

백근(白筋)은 단거리 달리기와 같이 순발력을 필요로 하는 격렬한 스포츠를 할 때 사용되는 근육으로 속근(速筋)이라고도 합니다. 무산소운동에 적합하며 근육에 쌓인 글리코겐이 주요 에너지원입니다. 이 근육을 단련하면 바디빌더와 같은 건장한 육체가 됩니다.

---

3) 파워와 지구력을 함께 갖춘 만능 근력. 백근의 일종으로 백근과 적근의 성질을 겸비한 근육. 백근을 지속적으로 강화함으로써 백근이 핑크근으로 바뀐다.

한편 적근(赤筋)은 지근(遲筋)이라고도 하며 지구력이 있는 근육입니다. 유산소운동에 적합한 적근(赤筋)은 지방이 주요 에너지원입니다. 자세를 유지하거나 조깅 등 가벼운 운동을 지속적으로 하는 경우에 사용되는 근육입니다.

나아가 최근에는 '핑크근'이라는 백근(白筋)과 적근(赤筋)의 중간 성질을 갖는 근육이 주목받고 있습니다. 핑크근은 글리코겐과 지방도 잘 소비해 순발력과 지구력을 발휘하는 만능근육이라고도 합니다. 적근(赤筋)이 가벼운 운동 시에 지방을 연소하는 것이라면 핑크근은 가만히 있을 때에도 지방을 연소해 주는 특징이 있습니다.

이 책에서 소개하는 것은 보통 일상생활 속에서 필요한 동작의 기초적인 근육을 중심으로 지방을 연소해 주는 적근(赤筋)과 핑크근을 주로 강화하는 운동입니다. 적근(赤筋)이나 핑크근이 몸 안에 많이 있으면 무리한 식사제한 등을 하지 않아도 점점 지방을 연소해 살이 빠지기 쉬운 몸이 될 뿐만 아니라 울퉁불퉁한 근육체질이 될 걱정도 없습니다.

비뚤어진 골반 교정

　최근 피트니스 업계에서는 '코어(핵)'를 단련한다는 개념(코어 트레이닝)이 주목받고 있습니다. 즉 겉모습 뿐만 아니라 몸 중심부부터 단련하자는 취지로 이는 몸 표면에 가까운 지방이 아닌 안쪽 깊은 곳에 있는 근육인 심근부터 단련하자는 의미입니다. 그 대표적인 근육의 하나가 '대요근(大腰筋＝내골반근)'입니다.

전신근육(전면)

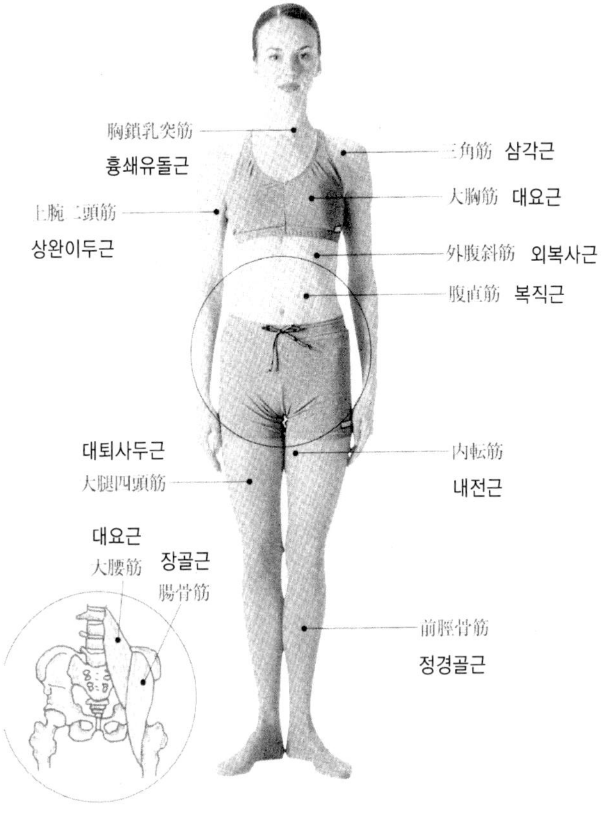

胸鎖乳突筋
흉쇄유돌근

三角筋 삼각근

上腕二頭筋
상완이두근

大胸筋 대요근

外腹斜筋 외복사근

腹直筋 복직근

대퇴사두근
大腿四頭筋

內転筋
내전근

대요근
大腰筋

장골근
腸骨筋

前脛骨筋
정경골근

대요근(大腰筋)이란 허리의 심층부에 있으며 2개의 다리와 등뼈를 이어주는 근육입니다. 다리와 허리 움직임의 핵심이 되는 근육으로, 대요근(大腰筋)이 주목받는 이유는 나이가 들어감에 따라 다리와 허리가 쇠퇴해 가는 중년층과 고령자가 이 근육을 단련하는 것이 매우 중요하기 때문입니다. 대요근(大腰筋)을 단련하면 걷는 능력이 좋아져 넘어지는 것을 예방하고 등뼈가 쫙 펴져 자세가 좋아집니다. 또한 비뚤어져 있는 골반도 본래의 자리로 돌아와 허리부터 엉덩이까지의 라인이 죄어지는 효과도 있습니다. 자세가 좋아지면 다리나 허리 움직임이 부드러워지기 때문에 몸의 자세나 동작도 가벼워집니다. 몸의 중심을 안정시키는 안쪽 근육을 튼튼하게 단련하면 바깥쪽 근육도 자연히 튼튼해집니다. 이 책에서도 대요근(大腰筋)을 단련하는 운동을 소개하였습니다. 꼭 한번 따라해 보십시오.

전신근육(후면)

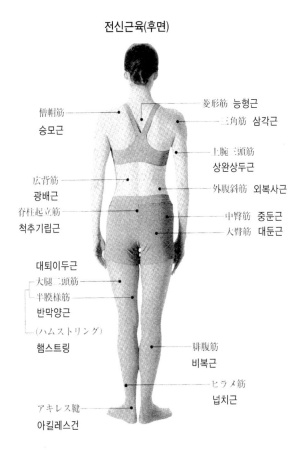

菱形筋 능형근

三角筋 삼각근

上腕三頭筋
상완상두근

僧帽筋
승모근

外腹斜筋 외복사근

広背筋
광배근

中臀筋 중둔근

脊柱起立筋
척추기립근

大臀筋 대둔근

대퇴이두근

大腿二頭筋

半膜様筋
반막양근

(ハムストリング)
햄스트링

腓腹筋
비복근

ヒラメ筋
넙치근

アキレス腱
아킬레스건

35

또한 주목할 것은 동양에서 배꼽 밑의 경혈을 '단전'이라고 하는데, 복식호흡을 할 때 단전을 의식하면 깊은 호흡을 할 수 있다고 합니다. 단전은 몸의 중심이며 살아가기 위한 에너지를 담당하는 곳으로 몸의 중심을 의식하는 것은 자세를 좋게 하여 몸의 균형을 갖출 뿐만 아니라 몸의 균형감각을 키우는 것과도 같기 때문입니다. 중심 단련에 있어 중요한 것은 자신에게 적합한 체중을 알아두는 것입니다. 다소 체중이 늘고 줄어드는 것에 민감할 필요는 없습니다. 같은 체중이라도 체지방보다 근육(제지방 체중)이 많으면 몸이 탄탄해 보이기 때문입니다. 그것보다도 자신의 컨디션을 확인하는 기준으로서 적합한 체중을 정해 두면 자기관리도 편해집니다.

이처럼 중심이 되는 부분이 튼튼하면 불필요한 힘이 빠지고 몸과 마음이 편해집니다. 이를 위해선 몸의 중심을 튼튼하게 단련하여 안정시키는 것이 무엇보다 더 중요합니다.

부분보다 전체 균형 가꾸기

15분 트레이닝의 특징은 몸의 부분단련이 아니라 몸 전체의 균형을 유지하여 바른 자세를 만드는 전신운동이라는 점입니다. 스포츠 선수의 경우, 특정 근육을 집중적으로 단련하는 경우가 있습니다. 그러나 우리들이 탄력있고 아름다운 몸의 조화를 만들기 위해서는 전신근육을 골고루 다듬어 가는 것이 중요합니다. 전신을 균형있게 단련하면 신진대사가 좋아지고 살이 찌기 어려운 체질이 되기 때문입니다.

몸은 부분뿐만 아니라 모든 것이 연동을 하고 있습니다. 그렇기 때문에 이 책에서 소개하는 운동은 일일이 '하복부를 조인다'든가 '힙업을 목표로 한다' 등의 목적은 있어도 전신근육이나 신경을 전부 사용하지 않으면 불가능하게 되어 있습니다.

또한 몸은 뇌와도 연동되어 있으므로 모든 부분이 연결되어 있다는 것을 의식하면서 마음을 집중해서 합니다. 하루에 단 15분만이라도 자신의 몸에 집중하는 습관을 가진다면 집중력이나 기분을 컨트롤하는 방법도 몸에 익혀져 머리 회전도 빨라질 것입니다.

호순환(好循環)을 통해
몸과 마음을 날씬하게

몸은 움직이지 않으면 피로가 쌓이기 쉽고, 점점 무거워집니다. 그러다보면 몸을 움직이는 것이 싫어지고, 살도 찝니다. 즉, 악순환(惡循環)이 되는 것입니다. 몸과 마음은 이렇게 밀접하게 연결되어 있습니다.

왜 운동이 중요한가 하면 이와 같은 악순환(惡循環)을 끊고 본래의 자신으로 돌아가기 위해서입니다. 자신의 몸을 의식하고 단련하여 몸의 여러 기관을 적절하게 사용하면 집중력도 높아지고 우울해진 기분을 스스로 컨트롤할 수 있게 됩니다. 자신의 최적상태가 되는 것입니다.

몸의 내면을 단련하면 자연히 외모도 따라옵니다. 또한 몸을 움직이면 마음도 따라옵니다. 즉 호순환(好循環)이 되는 것입니다.

운동은 밖에서만 가능한 것은 아닙니다. 이 책에서 소개하는 15분 트레이닝은 누구나, 언제나, 조그마한 공간만 있으면 어디서나 할 수 있는 운동입니다. 특별한 도구도 사용하지 않고 운동경험이 전혀 없는 사람이라도 간단하게 할 수 있는 프로그램이므로 무시하지 말고 일상생활에서 하시길 바랍니다. 더불어 다른 스포츠와 병행해도 효과적입니다.

기분이 가라앉거나 꼼짝도 하기 싫을 때, 기분전환을 할 생각으로 이 책을 집어 무심코 펼친 부분의 운동을 하나만 해보십시오. 몸을 움직이다 보면 몸이 무엇인가를 가르쳐 줄 것입니다. 그것이 몸과 마음의 호순환(好循環)을 일으키는 계기가 되기 때문입니다.

39

15분 트레이닝의 효과

15분 트레이닝을 꾸준히 함으로써 다음과 같은 효과가 반드시 나타날 것입니다. 무리하지 말고 운동하는 것을 즐기십시오.

- 배, 엉덩이, 다리 등의 세이프 업
- 전신 균형과 아름다운 자세
- 바른 자세와 다리가 길어져 신장이 커 보이는 효과
- 심근단련으로 살찌기 어려운 체질로
- 신체 전신으로 의식이 높아지는 효과
- 호흡개선
- 전신의 긴장해소와 어깨 결림, 요통 등의 고통 해소
- 스트레스 해소와 긍정적인 마음
- 전신의 균형감각이 높아지는 효과

제2장

매일 하는
기본 15분 트레이닝

15분 트레이닝이란?

15분 트레이닝은 발레, 모던댄스, 요가, 피트니스, 필라테스 등 여러 운동의 장점을 종합하여 만든 운동입니다. 여러 운동에서 힌트를 얻기도 하고 동작을 접목하여 누구나 효과적으로 운동하게끔 만들었습니다.

즉, 근육을 푸는 스트레칭과 적근(赤筋)과 핑크근을 단련하는 강화운동이 중심입니다. 몸의 중심(코어)을 단련하여 균형감각을 높이는 운동을 풍부하게 도입해 전신의 균형을 잡는 것이 특징입니다.

15분 트레이닝은 운동경험이 전혀 없는 사람이라도 간단히 할 수 있는 10개의 운동으로 구성되어 있습니다. 이 10개의 운동은 일상생활을 하면서도 가볍게 할 수 있도록 일련의 흐름으로 되어 있는 것이 특징입니다.

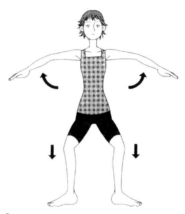

2. 다리 스트레칭

허리, 다리근육을 강화해
고관절, 무릎, 발목을 부
드럽게 한다.

43

1. 전신 스트레칭

준비운동. 굳어진 몸의 측
면, 앞면, 뒷면을 천천히
풀어, 몸의 균형을 잡는다.

3. 옆구리 스트레칭
평소 움직이기 힘든 복
근을 스트레칭해 날씬하
게 한다.

4. 종아리 스트레칭
비복근을 늘려줘 다리를
가늘게 한다.

15분 트레이닝

5. 등과 허리 스트레칭

등을 마사지해 허리 주변의 긴장을 풀어 유연하게 한다.

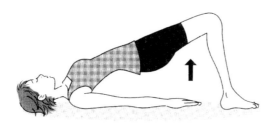

6. 하배부 스트레칭

등뼈 하나하나의 간격을 넓혀가듯이 등이 펴져 새우등을 개선해 아름다운 자세를 만든다.

7. 배 운동
복근을 단련해 배를 슬림하게 하는 동시에
아름다운 자세를 유지하게끔 한다.

8. 엉덩이 운동
힙업과 허리와 허벅지의 근육을 단련해
탄력 있게 해준다.

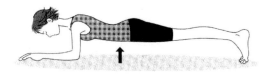

9. 배와 등 운동
닥스훈트와 같은 자세를 유지하는 것으로 복근과 배근을
균형 있게 단련하여 아름다운 자세를 유지하게끔 한다.

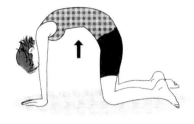

10. 등 스트레칭
등뼈를 부드럽게 해 비뚤어짐을 해소한다.

운동을 시작하기 전에

● 언제 하는 것이 효과적인가?

언제, 어디서나 할 수 있는 것이 15분 트레이닝으로 아침에 눈을 떴을 때 하면 체온이 올라 몸과 머리가 맑아져 기분 좋게 하루를 시작할 수 있고, 자기 전이나 목욕이 끝난 뒤 하면 하루의 피로가 풀려 숙면할 수 있습니다. 하지만 운동을 하는 시간대에 구애받기

보단 '하겠다'라고 생각한 순간에 즉시 몸을 움직이는 것이 최선입니다. 피아노 조율을 하듯이 신체의 각 부분에 의식을 집중하여 몸의 소리에 귀를 기울이면서 합니다.

• 어떤 복장으로? 어떤 장소에서?

몸이 죄이지 않는 편안한 복장이면 뭐든 좋습니다. 15분 트레이닝은 요가매트 1장 정도분의 공간만 있으면 간단히 할 수 있기 때문에 '하겠다'라고 마음먹었을 때 좋아하는 장소에서 시작합니다.

이불이나 침대 위에서도 할 수 있고, 운동매트가 있으면 더욱 좋습니다. 언제라도 할 수 있게끔 매트를 항상 깔아두는 것도 한 방법입니다. 운동매트가 없으면 두꺼운 전신타월이나 담요 등 조금이라도 쿠션이 될 수 있는 것을 준비해도 좋습니다.

• 오래 지속할 수 있는 요령은?

매일 지속적으로 하는 것이 가장 이상적입니다. 그렇다고 해서 '운동을 해야 돼, 해야 돼'라며 자신에게 압력을 주어선 안됩니다. 몸은 즐겁게 몸을 움직이지 않으면 몸의 긴장도 풀리지 않을 뿐만 아니라 효과도 보지 못하기 때문입니다. 그러므로 불가능할 때에는 무리하지 않은 정도로 좋아하는 운동 한두 가지만 하는 것이 좋습니다. '오늘 못 했기 때문에 이젠 글렀어!'라고 포기하지 말고 자신의 몸 상태를 살피면서 꾸준히 합니다.

이상적인 체형이나 자신이 원하는 몸매를 상상하면서 운동하는 것이 중요합니다. 이것은 운동을 지속적으로 할 수 있는 요령입니다. 그렇게 계속하다 보면 몸도 근육을 외우기 때문에 운동하는 것이 즐거워지고 조금씩이라도 결과는 반드시 따라옵니다. 초조해하지 말고 즐기면서 운동을 합니다. 자신의 몸을 위해 시간을 만들어 주세요.

호흡법에 대하여

　15분 트레이닝은 '숨을 들이마시면서'라든지 '숨을 내쉬면서'와 같이 호흡과 함께 운동을 하게 되어 있습니다. 요가 등 동양건강법의 기본은 호흡 고르기로 이는 몸의 동작과 호흡이 밀접한 관계가 있기 때문입니다.

　운동 시 호흡법의 기본은 몸을 일으키고, 누르고, 펴는 동작을 할 때 숨을 내쉬고, 원래 상태로 돌아갈 때 숨을 들이마십니다. 호흡과 몸의 동작을 일체화한 이 호흡법은 운동뿐만 아니라 일상생활에서도 도움이 됩니다. 예를 들어 긴장했을 때 천천히 숨을 들이쉬고 내쉬는 호흡을 하면 어깨의 힘이 빠져 기분이 편안해지는 것을 느껴보셨을 겁니다.

　또 심호흡은 침정(沈靜)작용 외에 몸을 건강하게 하는 웃을 때 효과가 있습니다. 예를 들어 정말로 속이 시원하게 웃을 때에는 배 안에서부터 숨을 내쉴 것입니다. 즉 횡격막을 내리기도 하고 올리기도 하는 복식

호흡이 자연히 가능해지는 것입니다. 복식호흡은 혈액 순환과 자율신경의 균형에 좋습니다. 웃으면 기분이 좋아지는 것은 웃을 때 많은 산소를 마셔 세포가 활성화되기 때문입니다.

이 호흡법은 앉아 있거나 서 있어도 가능하지만 위를 보고 호흡하는 것이 이해하기 쉬우므로 누워서 하는 호흡법을 소개하겠습니다.

스텝 1
위를 향해 누워 눈을 감고 배에 손을 얹는다.

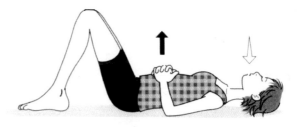

스텝 2
숨을 들이마실 때 배가 천장에 가까워지는 듯한
상상을 하면서 깊게 들이마신다.

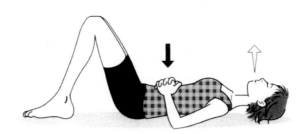

스텝 3
배가 바닥에 붙는다는 생각으로 후─하고 천천
히 숨을 내쉰다.

15분 트레이닝

요가 1. 전신 스트레칭

전신을 푸는 준비운동

모든 운동의 기본이 되는 준비운동으로 굳어진 몸의 측면, 전면, 배면을 천천히 풀고, 몸의 균형을 잡아 줍니다.

아침에 일어나자마자 하면 몸에 생기가 돌아 기분 좋게 하루를 시작할 수 있고, 밤에 하면 하루의 긴장과 피로를 풀어 스트레스 해소에 효과가 있습니다.

스텝 1
양다리를 모아 똑바로 서고
가슴 앞에서 양손을 모은다.
이때 엄지손가락은 크로스시
킨다.

스텝 2
숨을 들이마시면서 머리
위로 양팔을 올려 합장하
고 발뒤꿈치는 바닥에 대
고 전신을 힘껏 편다.

스텝 3

몸을 완전히 펴고 숨을 내쉬면
서 천천히 상체를 왼쪽으로 굽
힌다. 숨을 들이마시면서 몸을
원위치로 돌아오고 숨을 내쉬
면서 오른쪽으로 굽힌다. 다시
숨을 들이마시면서 원위치로
돌아온다.

스텝 4

호흡을 고르고 숨을 들이마
시면서 상체를 위로 편 채
약간 뒤로 젖힌다.
초승달을 상상하면서 몸의
앞면을 펴 주는 것이 포인트.

스텝 5

숨을 내쉬면서 상체를 앞으로 구부린다. 이때 무릎은 약간 굽혀도 상관없다. 상체의 힘을 빼고 등뼈의 이음새를 하나하나 넓힌다는 생각으로 등을 둥글게 해일어난다. 머리는 마지막에 든다.

스텝 6

원위치로 돌아오면서 숨을 들이마시고 양손을 들어 발뒤꿈치까지 들면서 전신을 힘차게 위로 편다. 발뒤꿈치를 든 채 10번 제자리걸음을 하며 숨을 내쉬고 양손을 좌우로 벌리면서 내려원위치로 돌아온다.

15분 트레이닝

발레 2. 다리 스트레칭

고관절이나 무릎을 부드럽게 해
아름다운 다리 만들기

    무릎 굴신운동으로 허리나 다리근육을 강화해 고관절, 무릎, 발목을 부드럽게 하는 데 효과가 있습니다. 포인트는 옆에서 봤을 때 상체가 일직선이 되도록 하는 것입니다. 어깨넓이로 양다리를 벌려 무릎과 발가락 끝이 바깥쪽으로 향하게 벌립니다. 전신거울이 있으면 거울 앞에서 자세를 체크하면서 합니다.

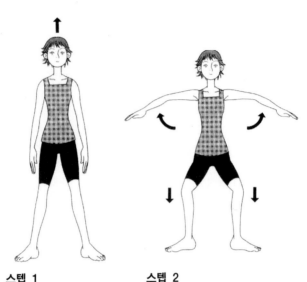

스텝 1

어깨 폭보다 조금 넓게 양다리를 벌리고 무릎과 발가락 끝을 바깥으로 향해 선다. 머리가 위로 당겨지는 듯한 상상을 하며 등줄기를 팽팽하게 펴고 골반도 똑바로 하도록 의식한다.

스텝 2

상체는 1의 자세를 유지한 채 숨을 들이마시면서 천천히 무릎을 구부린다. 이때 엉덩이가 뒤로 빠지지 않고 새끼발가락이 바닥에서 떨어지지 않도록 주의하면서 꼬리뼈를 똑바로 아래로 내린다는 상상을 하면서 한다. 무릎을 구부리는 것에 맞춰 등 → 어깨 → 팔꿈치 → 손끝 순으로 양팔을 바로 옆에서 천천히 들어 올린다.

15분 트레이닝

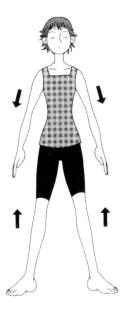

스텝 3

숨을 내쉬면서 발바닥으로 바닥을 밀며 무릎의 방향은 그대로 유지한 채 허벅지 안쪽부터 무릎을 펴고 넷을 세면서 원위치로 돌아온다. 이 때에도 상체는 똑바로 펴고 양팔은 천천히 내린다. 조이는 바지 지퍼를 올리듯이 배도 끌어 올린다. 10회 반복한다.

요가 3. 옆구리 스트레칭

옆구리를 날씬하게

하반신이 아니라 상체를 이용해 옆구리를 스트레칭합니다. 옆구리는 일상생활에선 의외로 사용하지 않는 부분이기 때문에 근육이 굳어지기 쉽고 그만큼 한번 붙은 지방은 빼기 어렵습니다. 옆구리를 충분히 펴주는 것만으로도 옆구리의 지방을 빼 전신의 균형을 날씬하게 하는 효과가 있습니다.

스텝 1

양다리를 어깨넓이보다 약간 넓게벌려 선다. 숨을 들이마시면서 양팔을 어깨의 위치까지 수평으로 든다. 앞뒤를 2장의 판자로 좁힌 듯한 상상을 하며 상체를 똑바로 한다.

스텝 2

숨을 내쉬면서 허리부터 상체만 오른쪽으로 천천히 기울인다. 상체가 앞으로 쓰러지지 않도록 주의. 오른손의 손바닥은 가볍게 허벅지에 대고 왼손은 천장을 향해 손끝까지 바로 펴고, 손끝을 본다.

10-15초 유지하고, 숨을 들이마시면서 원위치로 돌아온다. 반대쪽도 같은 방법으로 하고, 2-3회 번갈아 한다.

요가 4. 종아리 스트레칭

가늘고 아름다운 다리라인 만들기

종아리 스트레칭과 동시에 상체를 뒤로 젖히는 동작입니다. 종아리 스트레칭은 하지의 혈액순환을 좋게 해 다리와 허리의 피로나 나른함을 해소함과 동시에 다리를 날씬하게 하는 효과가 있습니다.

스텝 1

양다리를 어깨넓이보다 약
간 넓게 벌려 서고, 그 자
세 그대로 오른쪽을 향해
좌우 다리의 발끝과 발뒤
꿈치가 같은 방향이 되도
록 다리를 앞뒤로 벌린다.

스텝 2

숨을 내쉬면서 천천히 오른쪽 다
리에 중심을 이동해 간다. 이때
뒷다리의 무릎을 펴고 발뒤꿈치
는 바닥에서 떨어지지 않도록 한
다. 10-15초 유지한다. 숨을 들
이마시면서 상체를 일으키고 반
대쪽도 같은 방법으로 한다.

스텝 3

숨을 내쉬면서 천천히 오른쪽 다리로 중심을 이동해 들이마시
면서 양손을 합장하고 위로 뻗듯이 뒤로 젖힌다. 10−15초
유지한다. 숨을 내쉬면서 상체를 원위치로 돌아오고 반대쪽도
같은 방법으로 한다.

필라테스 5. 등과 허리의 스트레칭

허리를 유연하게 하는 등 마사지

등이나 허리의 유연성을 높이는 스트레칭으로 요추 주변의 긴장을 풀고, 자세가 좋아지는 것 외에 요통이나 나른함의 해소 및 예방에도 효과적입니다.

스텝 1
위를 향해 누운 채 양 무릎을 굽혀 양손으로 무릎을 안는다.

스텝 2
공을 상상하며 몸을 둥글게 하고 숨을 내
쉬면서 일어나 몸을 앞뒤로 흔든다.

필라테스 6. 하배부(등 아래쪽 허리부분) 스트레칭

하배부(下背部)를 펴 곧은 등 만들기

하배부를 펴고 허리를 유연하게 하는 스트레칭입니
다. 이것은 비뚤어진 자세를 교정하거나 약해진 근육

을 강화해 구부러진 등을 교정하고, 부드럽고 아름다운 자세를 만들어 전신이 날씬하게 보이거나 키가 커보이는 효과가 있습니다. 또한 굳어진 허리 주위의 근육을 차분하게 풀기 때문에 요통 해소에도 좋습니다. 줄어든 등뼈의 간격이 넓혀져 허리가 펴지는 듯한 기분을 느끼면서 합니다. 허리에 부담이 가기 쉬운 서서 일하는 사람이나 장시간 책상에서 일하는 사람에게 특히 권장하는 스트레칭입니다.

스텝 1
위를 보고 누워 양 무릎을 구부려 세운다. 양손은 손바닥을 아래바닥에 붙인다.

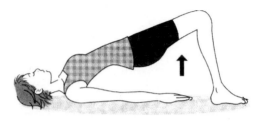

스텝 2

숨을 들이마시면서 손바닥과 발바닥으로 바닥을 밀며
꼬리뼈부터 등뼈를 천천히 바닥에서부터 들어 올린다.

스텝 3

숨을 내쉬면서 등의 상부에서 차례로 등뼈 하나하나의
간격을 넓히듯이 발뒤꿈치쪽으로 천천히 내린다.

15분 트레이닝

발레 7. 배 운동

복근을 강화하여 배를 슬림하게

복근과 배근은 몸의 균형과 바른 자세를 유지하고 부상을 방지하므로 근육을 강화해 두는 것이 중요합니다. 복근을 단련하면 배가 들어가고, 상체를 끌어올려 바른 자세를 유지할 수 있습니다.

스텝 1
위를 보고 누운 상태에서 다리를 올려 무릎을 직각으로 굽힌다. 양손은 앞으로 편다.

스텝 2

숨을 내쉬면서 배꼽을 등뼈 쪽으로 끌어당겨 머리와 어깨를 일으켜 10초간 유지한다. 숨을 들이쉬면서 상체를 천천히 내려 원위치로 돌아간다. 2-3회 반복한다.

좀 더 가능한 사람
스텝 3

상체를 일으킴과 동시에 양다리를 펴고 10초 동안 유지한다. 숨을 들이쉬면서 상체를 천천히 내려 원위치로 돌아온다.

15분 트레이닝

요가 8. 엉덩이 운동

힙 업

누구나가 동경하는 탄력 있게 위로 붙은 엉덩이 라인을 만들기 위한 운동입니다. 자연스럽게 똑바로 무릎을 굽히지 않고 양다리를 들어 올리는 것이 포인트입니다. 이 운동은 엉덩이뿐만 아니라 허리와 허벅지까지 라인이 날씬해지고, 요통해소에도 효과적이며 다리를 머리보다 위로 들기 때문에 전신의 혈액순환이 좋아져 붓기도 빠질 것입니다.

스텝 1

엎드린 채 양손은 이마 아래에 댄다.

스텝 2

숨을 내쉬면서 양다리를 천천히 들어 올린다. 10초
동안 유지한다. 양다리를 올리기 힘든 사람은 처음
엔 한쪽 다리씩 해도 무방하다. 2-3회 반복한다.

스텝 3

양다리를 들어 올린 채 발로 박수를 치듯이 다리를
오므렸다 벌렸다를 10회 반복한다.

15분 트레이닝

발레 9. 배와 등 운동

몸의 균형을 잡고 자세를 좋게 한다.

다리가 짧은 닥스훈트4)와 같은 자세를 유지하는 이 운동은 바닥에서 들어 올린 몸을 수평으로 유지하여 복근과 배근을 동시에 단련할 수 있는 뛰어난 방법입니다. 복근이나 배근이 약한 사람은 처음엔 이 자세를 유지하는 것이 꽤 힘듭니다. 허리가 아래로 처지지 않도록 하복부에 힘을 주는 데 의식을 집중해서 합니다.

---

4) dachshund. 개의 일종. 독일이 원산지.

스텝 1

엎드린 채 양 팔꿈치를 굽혀 바닥에 대고 발끝으로 지탱하면서 발목을 직각으로 세운다.

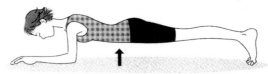

스텝 2

숨을 내쉬면서 손바닥으로 바닥을 밀며 굽혀진 팔꿈치와 발끝으로 지탱하면서 몸을 들어 올린다. 10초 동안 유지하고 원위치로 돌아온다. 2−3회 반복한다.

요가 10. 등 스트레칭

등을 부드럽게

등을 부드럽게 하며 어깨 결림을 해소하는 데 효과가 있습니다. 몸을 뒤로 젖히는 '자세'는 비뚤어진 등뼈를 교정합니다. 둥글게 하고 뒤로 젖히고 하는 완전히 반대의 동작을 연속해서 하는 이 스트레칭은 등 전체의 근육을 마음껏 수축·이완시키기 때문에 등이 유연하고 부드러워집니다. 또한 전신의 혈액흐름도 좋아져 스트레스 해소에 좋습니다.

스텝 1

네발로 기는 자세를 한다. 양 무릎 사이는 허리넓이만큼 벌려 등을 평평하게 한다.

스텝 2

숨을 내쉬면서 배꼽을 등뼈 쪽으로 끌어당겨 힘껏 등 전체를 둥글게 한다. 들이마시면서 천천히 ①의 자세로 돌아온다.

15분 트레이닝

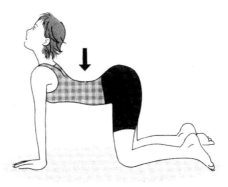

스텝 3

숨을 내쉬면서 머리 뒤부터 엉덩이(꼬리뼈)까지를 둥글게 해 등 전체를 젖힌다. 숨을 들이마시면서 천천히 ①의 자세로 돌아온다.

제3장

살찐 부위를 더욱
날씬하게!

부위별 운동에 대하여

15분 트레이닝을 매일 하면 전신의 근육이 균형 있고 효과적으로 단련되어 살찌기 어려운 체질로 바뀌어 갑니다. 그러나 체형에 관한 고민은 사람마다 제각각 다릅니다. '아랫배를 슬림하게 하고 싶은' 사람도 있고, '다리를 가늘게 하고 싶은' 사람도 있습니다. 그래서 이 장에서는 다음과 같은 12가지 부위별 운동을 소개하겠습니다.

- 하복부
- 허리
- 엉덩이
- 가슴

- 양팔
- 목·어깨
- 등
- 허벅지 앞쪽
- 허벅지 안쪽
- 허벅지 뒤쪽
- 발목
- 종아리

물론 전부 할 필요는 없습니다. 15분 트레이닝에 첨가하여 가능할 때 자신이 마음에 걸리는 부위의 운동을 합니다.

한 부위에 2-3종류의 운동이 있습니다. 레벨 1에서 3으로 운동 강도가 높아지도록 프로그램을 만들었습니다. 그러므로 3단계를 하는 것이 어려우면 레벨 1만 해도 괜찮습니다. 또한 자신이 하기 쉬운 운동만을 선택해서 해도 무방합니다. 몸에 익숙해져 운동을 더 할 수 있을 때 횟수를 늘려 가시면 됩니다.

하복부 레벨 1. 복근 강화운동

복근을 강화하는 운동에는 위를 향해 누워 상체를 들어 올리는 동작이 많습니다. 이 운동은 상체를 바닥에 바짝 붙인 채 엉덩이만을 아주 조금 드는 운동으로 힙업에도 효과적입니다. 엉덩이를 높게 들 필요가 없기 때문에 힘을 주지 않은 상태에서 복근에 의식을 집중해서 합니다.

스텝 1
위를 향해 양다리를 들고 무릎을 굽힌다. 손은 몸 옆에 붙이고 손바닥은 아래로 한다.

스텝 2

숨을 내쉬면서 손으로 바
닥을 밀어 골반을 바닥에
서 뗀다는 생각으로 엉덩
이를 조금 들어 올린다.
숨을 들이쉬면서 원위치
로 돌아온다. 10회 반복
한다.

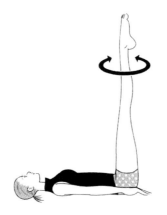

힘든 경우는

상체와 다리가 90도가 되도록 양다리를 수직으로 펴서 들어
올린다. 양다리를 모은 채 숨을 내쉬면서 다리 전체로 원을
그리듯이 돌린다.

하복부 레벨 2. 복근 단련운동

복직근(腹直筋) 하부를 사용하는 이 운동은 엉덩이로 균형을 잡고 상체와 양다리를 들어 V자를 만듭니다. 처음부터 양다리를 올리는 동작은 어려우므로 한쪽 다리는 바닥에 대고 다른 한쪽 다리만 무릎을 폅니다. 올린 쪽의 다리를 폄으로써 복직근(腹直筋)에 부하(負荷)가 더 보태집니다.

스텝 1
무릎을 세워 위를 보고 눕는다. 양손은 몸 옆에 붙인다.

스텝 2

숨을 내쉬면서 상체를 1 / 3 일으키고 양손도 앞으로 한다. 동시에 왼쪽 다리를 쭉 편다. 이때 왼쪽 다리는 구부린 오른쪽 다리의 허벅지와 같은 정도의 높이로 올린다. 숨을 내쉬면서 원위치로 돌아오고 반대쪽 다리도 같은 방법으로 한다. 좌우 번갈아 10회씩 한다.

하복부 레벨 3.
대요근(大腰筋 = 내골반근) 단련운동

　등뼈와 양다리의 허벅지 윗부분을 지탱해 주는 '대요근(大腰筋)'이라는 근육은 배의 표면이 아니라 심층부에 있으며 허리나 다리의 동작을 컨트롤하고 있습니다. 일반적인 하복부의 운동은 복직근(腹直筋)을 단련하는 것이 많지만 동시에 대요근(大腰筋)을 단련하면 하복부를 슬림하게 하는 데 보다 효과적입니다.

스텝 1
무릎을 세워 위를 보고 눕는다. 양손은 머리 뒤에 붙인다. 상체를 1 / 3만 들어 올리고 발끝만 바닥에 댄다.

스텝 2

상체를 유지한 채 숨을 내쉬면서 다리만 좌우 번갈아 들어 올려 피스톤 운동을 한다. 10회 반복한다.

스텝 3

무릎을 세워 위를 보고 눕는다. 상체를 1/3 정도 일으켜 세우고 동시에 양 무릎을 가슴 쪽으로 안는다.

스텝 4

왼쪽 다리를 앞으로 편다. 오른쪽 다리는 굽힌 채 양손으로 안아 받쳐준다. 숨을 내쉬면서 좌우 교대로 10회 반복한다. 상체는 움직이지 않도록 하는 것이 포인트.

허리 레벨 1. 옆구리를 날씬하게 하는 스트레칭

바나 테이블, 의자 등을 이용합니다. 바를 쥐는 손과 반대 팔을 가능한 크게 원을 그리면서 옆구리를 늘려줍니다. 옆구리는 평소에 좀처럼 사용하지 않는 부위이기 때문에 내버려두면 중력에 의해 점점 군살이 붙게 됩니다. 의식하고 펴 주는 것만으로도 옆구리를 맵시 있게 하는 효과가 있습니다.

스텝 1
왼손은 바 등을 붙잡는다. 양다리를 어깨넓이 정도로 벌리고 무릎과 발끝을 바깥쪽으로 벌려서 선다. 엉덩이는 뒤로 내밀지 말고 등도 똑바로 편다. 오른손은 견갑골(어깨뼈)부터 손가락 끝까지 의식하면서 옆으로 쭉 내민다.

스텝 2

숨을 내쉬면서 상체를 천천히 왼쪽으로 기울이고 오른손 손바닥을 안쪽으로 크게 원을 그리면서 오른쪽 옆구리를 끌어올리면서 편다. 이때 시선은 발밑으로 둔다. 다시 숨을 들이마시면서 크게 원을 그리고 상체와 오른손을 원위치로 되돌린다. 반대쪽도 같은 방법으로 하며, 좌우 10회 반복한다.

89

허리 레벨 2. 옆구리 지방 제거 스트레칭

상체를 허리부터 '비틂'으로써 옆구리 지방을 없애고 허리를 날씬하게 하는 스트레칭입니다. 타월이 느슨해지지 않도록 양손으로 잡아당기면 상체가 앞이나 뒤로 치우치는 것을 막고 바닥과 수평으로 허리를 효과적으로 비트는 것이 가능합니다.

스텝 1

양다리를 벌리고 앉아 허리부터 등줄기를 편다. 가슴 앞에서 양손으로 타월의 끝과 끝을 잡아당기듯이 잡는다.

스텝 2

타월을 잡아당긴 채 숨을 내쉬면서 상체만을 오른쪽으로 비튼다. 이때 엉덩이를 들지 않도록 주의하고 타월을 수평으로 천천히 이동시킨다. 숨을 들이마시면서 정면으로 되돌리고 숨을 내쉬면서 왼쪽으로 비튼다. 좌우 10회 반복한다.

15분 트레이닝

허리 레벨 3. 옆구리 근육 단련운동

옆구리에 의식을 집중하여 옆구리의 근육과 팔의 힘으로 상체를 들어 올립니다. 옆구리가 날씬해지는 것과 동시에 양팔의 살 빼기에도 효과가 있습니다. 처음에는 약간 힘들 수 있습니다. 가능한 범위에서 운동을 하는 것도 괜찮으므로 느긋하게 합니다. 서서히 옆구리의 근육이 단련되어 감에 따라 상체도 편하게 일으킬 수 있고 허리가 날씬해지는 것을 느낄 수 있습니다.

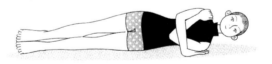

스텝 1
왼쪽 옆구리를 아래로 몸이 일직선이 되도록 옆으로 눕는다. 왼쪽 손은 오른쪽 어깨에 붙여 팔베개를 하고 오른손은 바닥에 둔다.

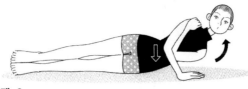

스텝 2

숨을 내쉬면서 오른손으로 바닥을 밀며 상체를 일으킨다. 양다리는 쫙 편 채로 10초 동안 유지하고 원위치로 돌아온다. 반대쪽도 같은 방법으로 한다. 좌우 2-3회 반복한다.

엉덩이 레벨 1. 힙업 운동

그다지 살이 찌지 않아도 엉덩이만 커 보이는 경우가 있습니다. 그것은 엉덩이의 근육이 단련되어 있지 않아서 엉덩이의 탄력을 잃어 지방만 눈에 띄기 때문입니다. 기본 15분 프로그램에서도 소개한 운동이지만 힙업에 상당히 효과적이고, 간단하므로 반복해서 합니다. 엉덩이가 탄력 있게 올라가면 그것만으로도 스타일이 좋고 다리가 길어 보입니다.

15분 트레이닝

스텝 1

엎드린 자세로 다리는 허리폭으로 벌린다. 양 손바닥은 이마 앞에 댄다.

스텝 2

숨을 내쉬면서 한쪽 다리를 바닥에서 조금 떼서 멀리 잡아당겨지듯 편다. 이때 무릎은 가능한 한 바깥쪽으로 향하게 한다. 들이마시면서 원위치로 돌아오고 반대 다리도 같은 방법으로 한다. 좌우 10회 반복한다.

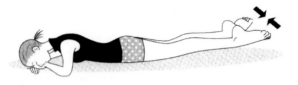

스텝 3
양다리를 바닥에서 떼고, 다리로 박수를 치듯 다리를 오므렸다
벌렸다를 10회 반복한다.

엉덩이 레벨 2.
등에서 엉덩이까지 날씬하게 하는 운동

바닥에 앉아서 하지만 육상경기의 허들 자세를 상
상하면서 합니다. 상체를 앞으로 누이는 것만으로도
힙업에 상당히 효과적이고, 엉덩이부터 등에 걸친 라
인을 아름답게 조여주는 효과도 있습니다.

스텝 1

바닥에 무릎을 구부리고 앉아 왼쪽 다리를 앞으로, 오른쪽 다리를 뒤로 합니다. 왼쪽 다리는 허들을 넘을 때와 같은 자세로 등줄기를 펴서 체중을 오른쪽 엉덩이에 둔다.

스텝 2

숨을 내쉬면서 상체를 천천히 앞으로 숙여 10-15초간 유지한다. 숨을 들이마시면서 원래의 자세로 돌아오고, 반대쪽 다리도 같은 방법으로 한다.

좀 더 할 수 있는 사람은
스텝 3

숨을 내쉬면서 상체를 앞으로 숙이고 동시에 뒤쪽 다리를 바닥에서 뗀다. 10-15초간 유지하고 숨을 들이마시면서 원위치로 돌아간다. 반대쪽도 같은 방법으로 한다.

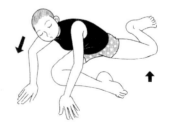

제3장 살찐 부위를 더욱 날씬하게!

엉덩이 레벨 3.
엉덩이와 허벅지 뒤쪽을 잡아당기는 운동

한쪽 다리를 축으로 해서 다른 한쪽 다리를 뒤로 올리는 이 동작은 서서 하기 때문에 엉덩이의 세이프 업뿐만 아니라 몸의 라인을 아름답게 하고 자세를 좋게 하는 효과가 있습니다. 팔도 동시에 멀리 쭉 폄으로써 등부터 엉덩이, 종아리 안쪽까지 탄력 있게 되는 것을 느낄 수 있을 것입니다. 배와 엉덩이에 힘을 주고, 바로 서서 다리를 올릴 때 상체가 앞으로 숙여지지 않도록 주의해서 합니다.

15분 트레이닝

스텝 1

양손은 바 등을 붙잡고 발은 발꿈치를 붙이고 무릎, 발끝은 바깥쪽으로 벌린다 (발레의 턴아웃 자세를 한다). 등을 펴고 배도 끌어올려 똑바로 선다. 오른쪽 손을 앞쪽으로 수평하게 펴고 오른쪽 다리는 가볍게 뒤로 편다.

스텝 2

숨을 내쉬면서 오른쪽 다리를 바닥에서 들어 올리고 동시에 오른손도 비스듬히 전방으로 가능한 한 멀리 편다. 얼굴은 코를 통해 손가락 끝 너머를 본다는 생각으로 약간 젖혀 자세를 무너뜨리지 않도록 균형을 잡는다. 10-15초 동안 유지하고 왼쪽도 같은 방법으로 한다. 좌우 10회씩 반복한다.

가슴 레벨 1. 가슴근육 단련운동

　나이와 함께 탄력이 없어지고 늘어지기 쉬운 가슴, 그것을 지탱하고 있는 것이 대흉근(大胸筋)이라는 가슴근육입니다. 젊다고 해서 대흉근(大胸筋)을 강화하지 않으면 중력에 따라 가슴은 서서히 아래로 처집니다. 일반적으로 팔굽혀펴기라는 근력운동이 대흉근(大胸筋)을 단련하기엔 최상의 운동으로 여기에서는 근육이 적은 사람도 쉽게 할 수 있도록 하였습니다.

스텝 1
양손과 양 무릎을 바닥에 대고 기는 자세를 한다. 등은 바닥과 평행이 되도록 똑바로 편다.

스텝 2

숨을 들이마시면서 천천히 팔꿈치를 굽혀 몸을 바닥 쪽으로 내린다. 숨을 내쉬면서 천천히 원위치로 돌아간다. 10회 반복한다.

가슴 레벨 2. 바스트 업 운동

레벨 1과 같은 방법으로 대흉근(大胸筋)을 강화하는 운동이지만, 이번에는 좀더 부하를 가하였습니다. 무릎부터 위의 체중이 모두 대흉근(大胸筋)을 강화하기 위해 부하를 주므로 효과는 뛰어납니다. 포인트는 상체를 일으켰을 때 배가 떨어지지 않도록 복근에 더 많은 힘을 줍니다. 팔굽혀펴기를 하면 가슴이 올라감과

동시에 팔이나 어깨, 등의 근육도 강화되고 배도 들어
갑니다.

스텝 1
엎드린 자세로 팔꿈치를 구부려 겨드랑이 옆에 손바닥을 댄다.

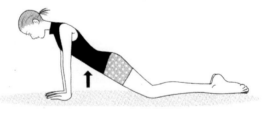

스텝 2
숨을 내쉬면서 손으로 바닥을 밀며 상체가 머리끝까지 일직선
이 되도록 유지하면서 무릎부터 위쪽을 일으킨다. 숨을 들이마
시면서 천천히 원위치로 돌아간다. 10회 반복한다.

15분 트레이닝

가슴 레벨 3. 가슴 모양을 예쁘게 하는 운동

 1-2킬로그램 정도 무게의 덤벨이나 페트병을 천천히 들어 올리는 동작만으로도 대흉근이 강화되어 가슴 모양이 예쁘게 되고, 양팔을 죄어주는 효과가 있습니다. 어깨에 힘을 빼고 가슴근육을 의식하며 합니다.

A

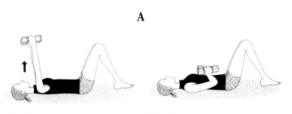

스텝 1
위를 보고 누워 무릎을 세운다. 양손에 1개씩 덤벨을 들고 가볍게 팔꿈치를 구부린다.

스텝 2
숨을 내쉬면서 구부린 팔꿈치를 펴고 덤벨을 천정을 향해 들어 올린다. 숨을 들이마시면서 천천히 내린다. 10회 반복한다.

B

스텝 1

위를 보고 누워 무릎을 세
운다. 양손에 덤벨을 1개씩
들고 가슴 위에서 덤벨을
맞추어 가볍게 팔꿈치를 구
부린다.

스텝 2

숨을 들이마시면서 가슴을 펴
고 숨을 내쉬면서 양손의 새끼
손가락과 새끼손가락이 가까워
지도록 팔꿈치를 모아 원위치
로 돌아간다. 10회 반복한다.

위팔 레벨 1.
상완삼두근(上腕三頭筋) 강화운동

　반소매나 민소매를 입는 계절이 되면 아무래도 신
경 쓰이는 부분이 위팔(어깨에서 팔꿈치까지의 부분)
의 지방입니다. 특히 멋을 내고 싶은 여성의 축 처진

위팔은 해결하기 어려운 고민 중 하나입니다. 이 운동은 팔꿈치에서 아래쪽을 천천히 움직이는 것뿐이지만 팔을 펼 때 상완삼두근(上腕三頭筋)이 수축되는 것을 확실히 느낄 수 있습니다. 덤벨이나 덤벨을 대신할 것이 없다면 아무것도 들지 않고 해도 상관없습니다. 팔꿈치를 확실하게 고정시키고 위팔 뒤쪽 근육을 의식하면서 합니다.

스텝 1
오른손에 덤벨 혹은 페트병을 든다. 왼쪽 다리를 구부려 앞으로 내밀고 오른쪽 다리는 뒤로 살짝 뺀다. 등을 펴고 상체를 왼쪽 다리로 지탱한다.

스텝 2
오른쪽 팔꿈치를 몸의 겨드랑이에 고정시키고 숨을 내쉬면서 팔꿈치 아래쪽으로 천천히 내리고 숨을 들이마시면서 구부린다. 10회 반복하고 반대쪽도 같은 방법으로 한다.

위팔 레벨 2. 위팔을 탄력 있게 하는 운동

상완삼두근(上腕三頭筋)이라는 상완부 뒤쪽 면에 있는 근육을 단련하는 운동입니다. 처음에는 엉덩이를 바닥에 붙인 채 하고 다음 단계에서는 엉덩이를 들고 한쪽 다리를 펴면서 서서히 부하를 가해 갑니다. 엉덩이를 들고 할 경우에는 엉덩이만 위아래로 움직이는 일이 없도록 정확하게 팔을 구부려 줍니다. 처음에는 무리하지 말고 자신이 할 수 있는 범위 내에서 합니다.

스텝 1
무릎을 세워 엉덩이를 바닥에 붙여 앉는다. 양팔은 뒤에 붙인다. 이때 손가락 끝은 엉덩이 쪽으로 향하게 한다.

15분 트레이닝

스텝 2

숨을 들이마시면서 팔꿈치를 굽히고 내쉬면서 원위치로 돌아온다. 10회 반복한다.

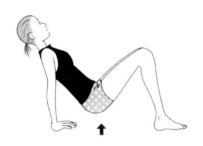

좀 더 할 수 있는 사람은
스텝 3

숨을 들이마시면서 팔꿈치를 굽히고 숨을 내쉬면서 팔꿈치를 펼 때 엉덩이도 바닥에서 띄운다. 엉덩이를 띄웠을 때 동시에 한쪽 다리를 펴면 훨씬 효과적이다. 10회 반복한다.

팔뚝 레벨 3. 팔뚝에서 등까지 단련하는 운동

레벨 2의 운동과 같은 방법으로 팔을 세워 엎드리는 반대 자세를 유지합니다. 팔꿈치를 구부리지 않은 이와 같은 정지자세만으로도 모든 체중이 팔에 실리기 때문에 충분한 위팔운동이 됩니다. 또한 무거운 엉덩이를 들어서 전신을 일직선으로 유지하기 위해서는 복근이나 배근도 필요하기 때문에 위팔을 단련하면서 배나 등의 탄력을 주는 효과적인 운동입니다.

스텝 1
무릎을 편 상태로 엉덩이를 바닥에 붙여 앉는다. 양팔은 뒤 바닥에 붙인다. 이때 손가락 끝은 엉덩이 쪽으로 향하게 한다.

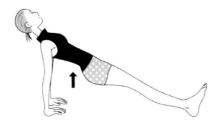

스텝 2
양다리를 편 채 엉덩이를 들어 올려 팔로 몸을 지탱한다. 10-
15초간 유지한다.

목 · 어깨 레벨 1.
목과 어깨 결림을 푸는 스트레칭

목에서 어깨선의 아름다움은 굽은 등과 자세유지에
도움이 되며, 목이 길어 보여 전체적으로 산뜻한 인상
을 줍니다. 먼저 좌우, 앞뒤로 움직이는 간단한 동작
으로 목과 어깨를 충분히 스트레칭 합니다. 승모근(僧

帽筋)이라는 어깨 근육이 풀리기 때문에 어깨 결림 해소에도 효과적입니다. 상체는 견갑골과 견갑골 사이를 끌어당겨 정수리가 위로 끌려 올라가는 상상을 하며 등을 똑바로 펴 갑니다.

스텝 1
다리를 어깨넓이로 벌려 선다. 몸의 축을 중심으로 머리는 위로 끌어올려지고 어깨는 내려지는 것을 의식하며 왼손으로 오른쪽 팔꿈치를 잡는다.

스텝 2
숨을 내쉬면서 왼손으로 오른쪽 팔꿈치를 아래로 잡아당기며 머리를 왼쪽으로 기울인다. 오른쪽 목이 확실히 펴진다는 것을 의식하면서 하고, 숨을 들이마시면서 원위치로 돌아온다. 반대쪽도 같은 방법으로 2−3회씩 한다.

15분 트레이닝

스텝 3

양손을 뒤로 돌려 팔짱을 낀다. 등을 펴고 어깨는 힘을 빼 내리도록 의식한다.

스텝 4

숨을 내쉬면서 턱을 평행하게 이동시키고 얼굴만 오른쪽으로 그대로 옆으로 돌려 정면을 본다. 이때 얼굴과 몸이 같이 움직이지 않도록 상체는 똑바로 정면을 바라보며 한다. 숨을 들이마시면서 원위치로 돌아오고, 반대쪽도 같은 방법으로 2−3회씩 반복한다.

스텝 5

양손을 뒤로 깍지 끼어 팔꿈치를 펴고, 숨을 들이마시면서 천천히 턱을 올린다. 갑자기 뒤로 너무 젖히지 않도록 주의한다.

스텝 6

숨을 내쉬면서 턱을 아래로 내린다. 2-3회 반복한다.

15분 트레이닝

목 · 어깨 레벨 2. 목에서 어깨까지의 라인을 아름답게 하는 스트레칭

바닥에 누워 천정을 보고 팔 동작을 함께 하는 목과 어깨 스트레칭입니다. 상체를 조금 일으켜 어깨부터 좌우로 팔을 벌려 바닥에 내려놓으면 목뒤와 승모근(僧帽筋: 어깨 뒤 근육)이 스트레칭 되고, 상체를 약간 일으킴으로써 복근운동도 되는 일석이조의 운동입니다. 이 운동의 포인트는 팔을 공을 감싸듯이 크게 원을 만드는 것입니다.

스텝 1
무릎을 세워 천정을 보고 누운 뒤 등, 목을 길게 편다. 손은 똑바로 옆으로 벌린다.

스텝 2

양팔을 올려 쇄골과 평행하게 큰 원을 만들어 숨을 내쉬면서 천천히 상체를 일으킨다.

스텝 3

상체는 그대로 자세를 유지하고 어깨에서 좌우로 팔을 천천히 벌린다. 마지막으로 상체와 머리를 원위치로 내려놓는다. 10회 반복한다.

15분 트레이닝

등 레벨 1.
등 결림을 풀어 유연하게 하는 스트레칭

등 스트레칭은 아름다운 자세유지와 균형 잡힌 몸매 가꾸기에 **빼놓을** 수 없는 운동으로 레벨 1은 견갑골과 견갑골 사이를 넓히는 동작과 좁히는 동작, 즉 수축과 이완을 반복함으로써 견갑골 주위의 결림이 풀려 통증이 없는 등을 만드는 스트레칭입니다.

스텝 1
양다리를 편하게 뻗고 앉는다. 숨을 내쉬면서 양팔을 앞으로 펴고 머리를 숙여 등을 구부려 견갑골(肩胛骨)과 견갑골(肩胛骨) 사이를 천천히 넓힌다. 숨을 들이쉬면서 원위치로 돌아온다.

스텝 2

숨을 내쉬면서 견갑골(肩胛骨)과 견갑골(肩胛骨) 사이를 좁히듯이 양팔을 뒤로 깍지 끼어 어깨를 내린다. 숨을 들이쉬면서 원위치로 돌아온다. 2-3회 반복한다.

등 레벨 2. 등 지방 제거운동

기구 대신에 타월을 이용하여 승모근(僧帽筋)과 견갑골 아래의 광배근(光背筋)을 자극하여 등 지방을 제거합니다.

15분 트레이닝

스텝 1

타월을 양손에 들고 팔꿈
치를 펴 머리 위로 들어
타월을 잡아당긴다.

스텝 2

숨을 내쉬면서 타월을 잡
아당긴 채 팔꿈치를 굽혀
타월을 머리 뒤쪽 아래로
내린다. 숨을 들이마시면서
원위치로 돌아온다. 10회
반복한다.

등 레벨 3. 등 근육 강화운동

배근을 단련하는 운동으로 등 전체근육을 튼튼하고 유연하게 하기 때문에 등의 지방을 제거할 뿐만 아니라 요통예방이나 굽은 등 해소에도 효과적입니다. 배근을 지속적으로 강화하면 어깨의 긴장이 풀리고 가슴이 펴져 목과 머리가 바르게 지탱될 수 있는 체형이 됩니다. 초보자가 갑자기 하면 허리를 다칠 위험이 있으므로 팔 힘을 사용해 천천히 등만을 젖히도록 합니다.

스텝 1
엎드린 자세로 양손을 뒤로 낀다.

스텝 2

숨을 내쉬면서 팔꿈치가 구부러지지 않게 양팔을 뒤로 펴고, 동시에 목도 천장을 보듯 상체를 일으킨다. 10-15초 동안 유지한다. 천천히 상체를 원위치로 보내면서 턱이 바닥에 닿으면 얼굴을 옆으로 돌리고 팔은 몸쪽에 두고 눈을 감고 쉰다. 2-3회 반복한다.

허벅지 앞쪽 레벨 1.
대퇴사두근(大腿四頭筋) 단련운동

대퇴사두근(大腿四頭筋: 허벅지 앞쪽 근육)을 강화하는 근력운동으로 기구 대신 집에 있는 의자에 앉아 상체를 고정한 채 무릎을 펴는 동작을 반복합니다. 이때 무릎을 편 정지상태로 잠깐 유지하면 효과는 더욱 높아집니다.

스텝 1

의자에 걸터앉아 양손으로 의자 끝을 잡는다. 한쪽 다리를 바닥에서 조금 뗀다.

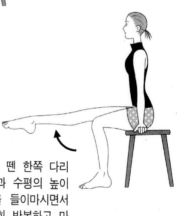

스텝 2

숨을 내쉬면서 바닥에서 뗀 한쪽 다리의 무릎을 펴면서 바닥과 수평의 높이까지 들어 올리고 숨을 들이마시면서 원위치로 돌아온다. 10회 반복하고 마지막 다리를 편 상태에서 10−15초 동안 유지한다. 반대쪽도 같은 방법으로 반복한다. 2−3세트 한다.

15분 트레이닝

허벅지 앞쪽 레벨 2.
대퇴사두근(大腿四頭筋) 강화운동

  '스크워트'라는 근력운동을 응용한 것으로 '스크워트'는 깊숙이 쭈그리고 앉았다 일어설 때 무릎관절이나 허리에 부담이 가기 쉬우므로 앉은 자세에서 하는 '하프 스크워트'를 소개하겠습니다. 처음에는 의자에 앉거나 서는 운동부터 합니다.

스텝 1
의자에 앉은 자세에서 양팔을 앞으로 펴고 숨을 내쉬면서 일어선다. 이때 다리는 허리넓이로 벌리고 똑바로 일어서는 것이 아니라 앞으로 일어서는 듯하게 일어선다.

스텝 2
숨을 들이마시면서 천천히 의자에 앉는다. 10회 반복한다. 숙달되면 의자를 빼고 한다.

허벅지 앞쪽 레벨 3.
대퇴사두근(大腿四頭筋)을 펴는 스트레칭

레벨 1과 2에서 대퇴사두근(大腿四頭筋) 단련운동을 하였으므로, 이번 장에서는 사용한 근육을 기분 좋게 스트레칭 해줍니다. 한 손으로 발목을 잡고 뒤로 당기

15분 트레이닝

면서 상체를 앞으로 숙이고 반대편 손을 앞쪽으로 뻗어서 전신의 균형을 잡는 것입니다. 허벅지 앞쪽이 펴져 다리를 날씬하게 하는 효과가 있습니다. 허벅지 앞쪽에 의식을 집중하면서 옆으로 누워서 합니다.

스텝 1
옆으로 누워 머리 아래쪽 손은 바닥에 편다.

스텝 2
아래쪽 다리는 구부리고 위쪽 다리는 위쪽 손으로 잡아 숨을 내쉬면서 허벅지가 바닥과 평행인 채 조금 뒤로 잡아당긴다. 10-15초 간 유지한다. 허벅지의 앞쪽이 기분 좋게 펴지는 것을 의식한다.

허벅지 안쪽 레벨 1. 내전근(內轉筋) 단련운동

허벅지 안쪽 근육인 내전근(內轉筋)을 단련하여 허벅지를 탄력 있게 합니다. 허벅지가 확실히 조여지는 것을 의식하면서 합니다.

스텝 1
등을 똑바로 펴고 서서 바나 테이블 등에 한 손을 놓고 반대쪽 손은 어깨보다 낮게 벌린다. 가랑이부터 발끝까지 다리 전체를 바깥쪽으로 벌려 양다리의 발뒤꿈치를 붙인다.

스텝 2

숨을 들이마시면서 꼬리뼈를 바로 아래로 내린다는 생각으로 천천히 무릎을 구부린다. 이때 엉덩이를 내밀지 않고 하는 것이 포인트. 숨을 내쉬면서 발 안쪽으로 바닥을 밀고 허벅지가 당기는 것을 의식하면서 천천히 무릎을 편다. 10회 반복한다.

허벅지 안쪽 레벨 2. 허벅지 안쪽 조이기 운동

바나 테이블을 이용하여 서서 하는 것이 아니라 누워서 상체도 함께 함으로써 내전근(內轉筋)뿐만 아니라 복근에도 자극을 줍니다. 또한 발뒤꿈치를 붙여 무릎방향을 바꾸지 않고 펴는 동작은 다리 안쪽 스트레

칭도 되고, 다리라인을 아름답게 가꾸는 것에도 효과
가 큽니다.

스텝 1
누운 상태에서 다리를 올려 발끝은 벌리
고 발뒤꿈치를 붙인다. 양쪽 무릎은 구부
려서 벌리고 양손은 허벅지 안에 댄다.

스텝 2
숨을 내쉬면서 무릎, 발끝은 벌린 채 상
체를 일으키고 뒤꿈치를 밀면서 무릎을
편다. 숨을 들이마시면서 원위치로 돌아
온다. 10회 반복한다.

15분 트레이닝

허벅지 안쪽 레벨 3. 내전근(內轉筋) 강화운동

바닥에서 수직으로 들어 올린 다리의 발뒤꿈치와 발뒤꿈치를 부딪치는 운동으로 허벅지 근육에 의식을 집중해서 합니다.

스텝 1
위를 보고 누워 양다리를 똑바로 펴서 올리고 상체와 다리가 90도가 되도록 한다. 허벅지 윗부분에서부터 바깥쪽으로 벌려 발뒤꿈치와 발뒤꿈치를 붙인다. 발끝은 벌린다.

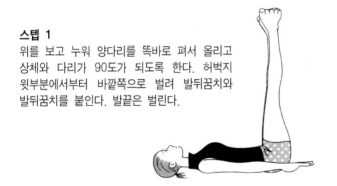

스텝 2

양다리를 편 채 허벅지 안쪽을 의식하면서
발로 박수를 치듯이 발뒤꿈치와 발뒤꿈치를
부딪친다. 10회 반복하고 2~3세트 한다.

허벅지 뒤쪽 레벨 1. 햄스트링 단련운동

　다리 한쪽씩 구부리기와 펴기를 하는 것뿐이지만 햄
스트링5)을 자극하여 조이기에 충분한 효과가 있으며,
무릎과 세워진 상체를 유지함으로써 배근 강화와 어깨
에서 등까지의 자세도 아름답게 가꿀 수 있습니다.

―――――――――――――――――――――――

5) 햄스트링: 허벅지 뒤쪽에 있는 대퇴이두근, 반건양근, 반
　막양근을 통틀어서 이르는 말

15분 트레이닝

스텝 1

엎드린 자세로 팔꿈치를 세워 상체를 일으킨다. 머리는 위로
잡아당겨짐을 의식하면서 목을 편다. 어깨는 힘을 빼고 견갑골
을 내린다.

스텝 2

숨을 내쉬면서 양 무릎을 아래로 향한 채 한쪽 다리씩 번갈아
무릎을 수직으로 구부린다. 좌우 10회 반복한다.

허벅지 뒤쪽 레벨 2. 햄스트링 강화운동

바나 테이블을 이용하여 머리는 위로 곧게 들어 올려지고, 배와 엉덩이에 힘을 줘 배꼽이 등뼈 쪽에 붙는 것을 의식하며 똑바로 섭니다. 이 자세는 의식하면서 햄스트링을 강화하기 때문에 허벅지가 탄력이 생길 뿐만 아니라 전신의 균형도 잡아줍니다.

스텝 1
바나 테이블, 의자 등받이에 양손을 놓고 등을 똑바로 편 상태로 선다. 무릎의 방향은 정면을 바라보게 하고 한쪽 다리는 뒤로 뻗는다.

15분 트레이닝

스텝 2

숨을 내쉬면서 뒤로 뻗은 다리의 무릎 위치를 바꾸지 말고 구부리기와 펴기 동작을 반복한다. 10회 하고 난 뒤 반대쪽도 같은 방법으로 한다. 무릎을 구부릴 때 무릎의 위치를 이동시키지 않도록 하는 것이 포인트.

허벅지 뒤쪽 레벨 3.
햄스트링을 유연하게 하는 스트레칭

걷기나 달리기와 같이 일상생활에서 당연시되는 동작은 다리를 뒤로 차올리는 동작으로, 다시 말하면 허벅지 뒤쪽의 근육은 항상 수축되어 단단해지기 쉬운 상태가 됩니다. 햄스트링이 단단해지면 요통을 일으키는 원인이 되기 때문에 운동 후에는 반드시 스트레칭을 해야 합니다.

스텝 1

무릎을 세우고 위를 본 상태로 누워 한쪽 다리를 잡는다. 숨을 내쉬면서 엉덩이가 바닥에서 떨어지지 않도록 천천히 무릎을 가슴에 갖다 대고 허벅지의 뒤를 편다. 반대쪽도 같은 방법으로 한다.

스텝 2

바닥에 앉아 한쪽 다리를 앞으로 뻗고 다른 한쪽은 무릎을 구부린다. 숨을 내쉬면서 상체를 앞으로 숙여 양손은 바닥, 또는 다리를 잡아 허벅지의 뒤쪽을 편다. 반대쪽도 같은 방법으로 한다.

발목 레벨 1. 발목근육 강화운동

발레의 기본동작을 도입한 발목근육 강화운동입니다.

- 루루베=발꿈치를 들고 선다.
- 토 플리에=반 정도 무릎을 구부리고 플리에를 한다.
- 아 테르=발바닥을 바닥에 붙인다.

스텝 1
바나 테이블, 의자 등받이
부분에 손을 놓고 등을 곧
게 펴 똑바로 선다.

스텝 2
발가락 끝으로 바닥을
밀듯이 양다리의 발뒤꿈치
를 들고 선다(루루베).

스텝 3
발뒤꿈치를 올린 채 무
릎을 구부린다(도미 플
리에).

스텝 4
무릎을 구부린 채 발
뒤꿈치를 바닥에 붙인
다(아 테르).

스텝 5
발바닥으로 바닥을 밀면서
무릎을 편다. 같은 동작을
10회 반복한다.

15분 트레이닝

발목 레벨 2. 넙치근 강화운동

발목의 유연성을 키우는 동시에 인대나 넙치근이라
는 발목 위 근육을 단련하여 격렬한 운동 시 부상예
방과 세이프 업에 효과적입니다.

스텝 1
위를 보고 누워 한쪽 무릎을 구부려 세
우고 다른 한쪽 다리는 무릎을 편 상태
로 바닥과 수직이 되도록 똑바로 들어
올린다.

스텝 2
숨을 내쉬면서 위로 뻗은 다
리의 발목만 집중해서 천천히
돌린다. 발목 이외의 부분은
움직이지 않도록 하는 것이
포인트. 10회 반복하고 반대
쪽도 같은 방법으로 한다.

종아리 레벨 1.
비복근(腓腹筋)을 펴는 스트레칭

특히 달리기와 점프를 하는 운동에는 매우 중요한 비복근(腓腹筋)을 스트레칭 하는 것만으로 부상을 예방하고, 종아리를 자극하여 혈액순환에 도움을 줍니다.

스텝 1
양팔을 똑바로 뻗어 손바닥을 벽에 붙이고 한쪽 다리를 뒤로 뺀 상태로 발뒤꿈치를 든다. 뒤로 뺀 다리는 무릎을 펴고 발가락으로 바닥을 민다.

스텝 2
숨을 내쉬면서 양팔은 벽을 밀고 천천히 발뒤꿈치를 바닥에 붙인다. 이때 앞다리는 구부린다. 종아리에 의식을 집중하면서 10-15초 유지한다. 반대쪽도 같은 방법으로 한다.

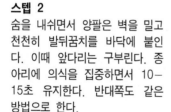

15분 트레이닝

종아리 레벨 2. 비복근(腓腹筋) 단련 스트레칭

발가락 끝을 바닥에 붙이는 기분으로 발등을 쫙 펴고, 아킬레스건이 확실히 펴지는 것을 의식하면서 발목을 세웁니다. 이와 같은 연습을 반복하면 무릎이 곧게 펴지고, 종아리를 탄력 있게 가꾸는 데에 효과가 있습니다.

스텝 1
바닥에 앉아 다리를 펴고 숨을 내쉬면서 발끝을 직각으로 세운다. 양손은 약간 뒤로 하여 바닥에 댄다. 상체는 어깨 힘을 뺀 상태로 내리고 등과 목을 펴준다. 숨을 들이마시면서 원위치로 돌아온다.

스텝 2

숨을 내쉬면서 천천히 발끝을 바닥에 대듯이 앞으로 밀어내어 발등을 편다. 숨을 들이마시면서 원위치로 돌아온다. 10회 반복한다.

종아리 레벨 3.
다리 전체를 매끈하게 하는 스트레칭

레벨 2에서 한 스트레칭을 누워서 위를 보고 합니다. 피로가 쌓여 근육이 수축된 사람이 이 스트레칭을 하면 종아리의 부종을 해소할 수 있기 때문에 취침 전이나 목욕이 끝난 후에 하면 피로가 풀립니다. 또한 허벅지 뒤쪽도 스트레칭 되는 것을 느낄 수 있으며, 종아리에서 발목라인을 매끈하게 하는 효과가 있습니다.

스텝 1
위를 보고 누워 한쪽 다리는 무릎을 구부려 바닥에 댄다. 다른 한쪽 발에 타월을 걸고 발바닥을 천장으로 향한다.

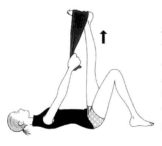

스텝 2
숨을 내쉬면서 타월을 양손으로 잡아당기면서 무릎을 똑바로 편다. 허리와 엉덩이는 바닥에 댄 채 떨어지지 않도록 하면서 10-15초 유지한다. 반대쪽도 같은 방법으로 한다.

제4장

불쾌한 증상을
해소하여 건강하게!

(증상별 운동)

증상별 운동에 대하여

　보통 운동부족인 사람은 요통이나 어깨 결림 등 여러 가지 불쾌한 증상 등을 가지고 있습니다. 대개의 경우, 가벼운 스트레칭만으로도 증상은 상당히 좋아집니다.

　따라서 이 장에서는 일상생활에 생기기 쉬운 9종류의 불쾌한 증상을 들어 증상을 완화하고 예방하는 스트레칭과 근력운동을 소개합니다.

　각 증상별 운동은 '풀기', '펴기', '단련하기'라는 2~3 종류의 운동으로 구성되어 있으나, 증상이 심하거나 통증이 심하면 무리하게 할 필요는 없습니다. '풀기'와 '펴기'를 기분 좋게 느낄 정도로 천천히 해 나가다 증상이 완화되면 예방 차원에서 운동을 첨가하도록 합니다.

15분 트레이닝

- 요통
- 어깨 결림
- 무릎통
- 냉증
- 변비
- O다리
- 부종
- 스트레스
- 불면

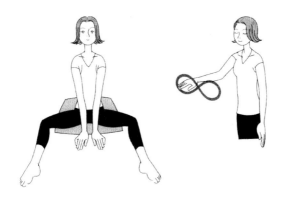

제4장 불쾌한 증상을 해소하여 건강하게! (증상별 운동)

요통치료 1 (풀기).
허리 결림이나 피로를 푸는 운동

두 다리로 서 있는 우리들은 일상생활을 하는 것만
으로도 허리에 부담이 가기 쉽습니다. 복근과 배근을
균형 있게 단련하여 바른 자세를 유지한다면 문제는
없지만 그렇지 않은 경우에는 허리가 휘기 쉽기 때문
에 요통이 있을 수 있습니다. 특히 서서 일하는 사람,
혹은 하루 종일 책상에 앉은 채로 일하는 사람은 그
것만으로도 허리 근육이 단단하게 굳어져 있을 것입니
다. 우선은 피로한 허리 근육을 풀고 이완시키는 운동
을 두 가지 소개하겠습니다. 어느 쪽이건 하기 쉬운
쪽을 선택하여 운동을 하면 됩니다.

거북이자세(휴식자세)

무릎을 꿇고 앉아 거북이처럼 등을 구부려 상체를 앞으로 숙여 이마를 바닥에 댄다. 양팔은 겨드랑이에 붙이고 손바닥은 위로 향하게 한다. 몸의 힘을 빼고 허리를 이완시킨다. 힘이 완전히 빠지지 않는 부분을 푸는 데 좋다.

골반 돌리기

위를 보고 누워 무릎을 구부려 양손으로 무릎을 잡는다. 허리는 바닥에 붙인 채 시계바늘을 상상하며 원을 그리듯이 무릎을 돌린다. 좌우 10회 한다. 무릎을 돌리는 원운동으로 허리가 풀린다.

요통치료 2 (펴기).
허리를 펴는 요통방지 스트레칭

허리부분의 신경을 자극함으로써 요통이나 좌골신경통을 해소하는 스트레칭입니다. 이 스트레칭은 등뼈의 비뚤어짐을 바로 잡아주고, 복근강화로 내장이 자극을 받아 혈액순환을 좋게 하는 효과가 있습니다. 허벅지 뒤쪽 근육도 스트레칭 되어 요통을 해소함과 동시에 요통이 생기는 것을 방지합니다. 또한 배나 허벅지의 피하지방 방지에도 효과적입니다. 단, 몸이 굳은 사람이나 허리의 통증이 심할 때는 자극이 세고 힘이 들 수도 있습니다. 그럴 때에는 무리하지 말고 치료 1로 근육을 푸는 정도로 합니다.

스텝 1

바닥에 앉아 한쪽 다리는 무릎을 편
상태로 45도 벌린다. 다른 다리는 발
뒤꿈치가 안쪽으로 오도록 무릎을 구
부려 양다리의 각도를 90도로 한다.
상체는 정면을 보고 허리에서 위로
잡아당겨지듯이 편다.

스텝 2

숨을 들이마시면서 양손을 귀 옆에
붙여 위로 똑바로 펴고 머리 위에서
합장한다.

스텝 3

숨을 내쉬면서 상체를 뻗은 다리 쪽으
로 숙여 이마가 무릎에 닿도록 천천히
기울여 10-15초간 유지한다. 숨을
들이마시면서 원위치로 돌아온다.

제4장 불쾌한 증상을 해소하여 건강하게! (증상별 운동)

요통치료 3(단련하기).
허리근육을 강화하는 요통방지 운동

등뼈를 지탱하는 척추기립근(脊椎起立筋)을 강화하는 운동으로 요통방지에 상당히 효과적입니다. 허리에 의식을 집중하고 근육이 수축되는 것을 충분히 느끼면서 합니다.

스텝 1
기는 자세로 왼쪽 다리를 뒤쪽으로 펴 바닥에 댄다.

스텝 2

숨을 내쉬면서 왼쪽 다리를 바닥에서 들어 올려 바닥과 수평이 되도록 편다. 동시에 왼손도 바닥에서 떼어 바닥과 수평이되도록 전방으로 편다. 균형을 잡으면서 이 자세로 10-15초간 유지한다. 반대쪽도 같은 방법으로 한다. 2-3회 반복한다.

어깨 결림 치료 1 (풀기) .
어깨 결림 풀기와 해소 스트레칭

어깨 결림의 원인은 어깨에 힘이 너무 들어가 견관절 주변의 근육이 단단히 굳어져 혈액순환을 나쁘게 하는 데에 있습니다. 어깨가 결리기 쉬운 사람은 무슨 일을 해도 어깨에 힘을 주고 하는 경향이 있습니다.

팔을 흔들흔들 흔들어주어 근육을 이완시키고 힘이 들어간 부분을 잘 풀어 줍니다.

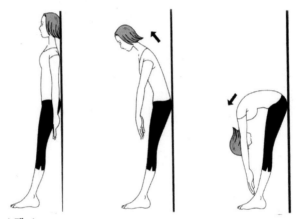

스텝 1
허리, 상반신을 벽에 대고 양다리는 조금 앞으로 내밀어 등으로 벽을 밀듯이 선다.

스텝 2
숨을 내쉬면서 인사를 하듯이 천천히 상체를 앞으로 기울인다.

스텝 3
어깨의 힘을 빼 긴장을 풀고 머리 무게로 상체를 내려 팔을 늘어뜨린다. 숨을 들이마시면서 천천히 상체를 일으키고 마지막에 머리를 든다. 2−3회 반복한다.

15분 트레이닝

어깨 결림 치료 2(펴기).
견갑골(肩胛骨) 스트레칭

견갑골(肩胛骨)과 견갑골(肩胛骨) 사이에 있는 능형근(菱形筋)을 펴는 스트레칭입니다. 어깨가 결릴 때 견갑골(肩胛骨) 주위가 무거워 통증이 있는 것은 능형근(菱形筋)이 단단해져 견갑골(肩胛骨)이 움직이기 힘들어진 것입니다. 어깨 결림 방지에도 효과가 있으므로 견관절(肩關節)의 혈액순환을 좋게 하기 위해 부지런히 스트레칭 합니다.

스텝 1
기는 자세로 배는 집어넣고 등은 바로 한다.

스텝 2

오른손의 손바닥을 위로 향하게 하고 숨을 내쉬면서 오른쪽 어깨를 바닥에 대고 왼팔 사이에 오른팔이 들어가도록 한다. 이 때 왼쪽 견갑골(肩胛骨)이 넓어지는 것을 의식한다. 반대쪽도 같은 방법으로 한다. 2~3회 반복한다.

어깨 결림 치료 3(단련하기). 어깨근육 강화운동

견갑골과 견갑골을 힘껏 끌어당겨 승모근(僧帽筋)과 능형근(菱形筋)을 수축시켜 근육강화를 합니다. 어깨 결림은 자세가 나쁨으로 인해 어깨에 불필요한 힘이 들어가기 때문입니다. 바른 자세를 유지하는 것이 중요합니다. 옆에서 봤을 때 어깨와 귓밥이 일직선이 되도록 등과 머리가 일치하도록 합니다.

15분 트레이닝

스텝 1

양다리를 어깨넓이로 벌려 서고 양 팔을 바닥과 수평이 되도록 앞으로 뻗는다.

스텝 2

숨을 내쉬면서 양 팔꿈치를 구부려 수평으로 천천히 뒤로 잡아당긴다. 가슴을 펴 견갑골과 견갑골 사이가 가까워지도록 한다. 등을 젖히지 않 도록 주의한다. 10회 반복한다.

무릎통증 치료 1(풀기).
무릎을 부드럽게 하는 운동

　무릎통증은 무릎 주위의 근력 부족과 유연성 부족, 자세가 나쁘거나 몸의 중심이 한쪽으로 치우치는 것 등이 원인입니다. 여기에서 소개하는 무릎 돌리기 운동은 무릎에 관계되는 대퇴사두근(大腿四頭筋)과 햄스트링을 풀어 관절을 부드럽게 합니다. 몸의 힘을 빼고 무릎 아래에 의식을 집중해서 합니다.

의자에 살짝 걸터앉아 밑에 공이 있다는 상상을 하며 발바닥으로 공을 돌리듯이 바닥에 원을 그리면서 돌린다. 무릎 아래쪽만을 움직이는 것이 포인트. 10회 돌린 뒤 반대쪽도 같은 방법으로 돌려 번갈아 한다.

15분 트레이닝

무릎통증 치료 2(펴기).
무릎을 똑바로 하는 운동

정상적으로 근육을 사용하지 않아 중심이 한쪽으로 치우쳐 무릎이 구부러졌거나 O다리인 경우 교정에 도움을 주며, 다리라인을 똑바로 하여 무릎통증 해소에도 좋습니다. 그 밖에 허벅지 뒤쪽이나 아킬레스건, 엉덩이 등에 스트레칭 효과가 있습니다.

스텝 1
의자에 살짝 걸터앉아 한쪽 다리를 조금 앞으로 내민다. 발뒤꿈치를 바닥에 대고 발끝은 든다.

스텝 2

숨을 내쉬면서 허벅지 위쪽에서부터 상체를 앞으로 숙여 다리와 상체의 각도가 90도가 되도록 한다. 숨을 들이마시면서 원위치로 돌아온다. 10회 반복한다.

무릎통증 치료 3(단련하기).
허벅지 앞쪽 근육 강화운동

무릎을 구부리거나 펼 때 사용하는 허벅지 앞쪽(대퇴사두근)을 강화해 무릎 굴신을 개선하여 무릎통증을 방지합니다. 다리를 펼 때 허벅지 앞쪽의 근육이 수축하는 것을 의식해서 합니다. 이때 허벅지 뒤쪽은 충분히 스트레칭 될 것입니다. 등이 구부러지지 않도록 상체는 똑바로 세워서 합니다.

15분 트레이닝

스텝 1
의자에 살짝 걸터앉아 한쪽
다리의 무릎을 구부려 허벅
지를 조금 든다.

스텝 2
숨을 내쉬면서 발뒤꿈치 쪽으
로 다리를 천천히 밀어낸다. 숨
을 들이마시면서 원위치로 돌
아온다. 반대쪽도 같은 방법으
로 하고 10회씩 반복한다.

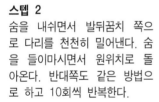

냉증치료 1(풀기). 손발 혈액순환 촉진운동

냉증이란? 즉 혈액순환 장애입니다. 혈액순환이 나쁘기 때문에 발이나 손등, 말단의 혈관까지 혈액이 잘 전달되지 않아 차가워지는 것입니다. 이 증상을 개선하기 위해서는 혈액의 흐름을 좋게 해 주는 것이 중요합니다. 위를 향해 누워 손발을 위로 해서 흔들어 주는 운동 잠깐만으로도 혈액순환이 촉진되어 서서히 손가락 끝이 따뜻해짐을 느낄 것입니다.

스텝 1
위를 향해 누워 양팔, 양다리를 바닥과 직선이 되도록 들어 올린다.

스텝 2
양팔, 양다리의 힘을 빼고
20초간 흔들어 준다.

냉증치료 2 (펴기).
정맥의 흐름을 좋게 하는 스트레칭

　머리를 바닥에 대고 다리를 높게 올리는 이 동작은 보통 우리들이 서 있는 것과 완전히 반대의 자세를 취하는 것입니다. 거꾸로 다리를 높이 들어 올리면 막히기 쉬운 정맥의 흐름이 원활해져 전신의 혈액순환도 좋아집니다.

스텝 1

위를 보고 누워 양쪽 손바닥을 바닥에 대고 무릎을 구부려 가슴 쪽으로 끌어당긴다.

스텝 2

숨을 들이마시면서 천천히 엉덩이를 바닥에서 떼어 몸을 들어 올린다.

스텝 3

숨을 내쉬면서 무릎을 펴고 허리를 들어 올려 양손으로 허리를 지탱한다. 20초 정도 유지하고 천천히 원위치로 돌아온다. 2-3회 반복한다.

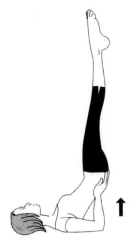

15분 트레이닝

냉증치료 3(단련하기).
여성호르몬 분비 촉진 스트레칭

　혈액순환 장애의 원인 중 하나는 자율신경의 부조화에 있다고 합니다. 자율신경 조절과 밀접한 관계가 있는 것이 호르몬 균형입니다. 여기에서 소개하는 스트레칭은 대퇴부의 내전근이나 고관절을 유연하게 하여 서혜부(鼠蹊部)를 자극해 여성호르몬 분비를 촉진합니다. 허벅지 뒤쪽이 스트레칭 되므로 힘이 드는 사람은 맨바닥에 앉는 것보다 쿠션이나 방석을 깔거나 낮은 소파에 앉아서 하면 다리 벌리기가 편해집니다.

스텝 1
쿠션 등을 깔고 바닥에 앉는다. 양쪽 다리는 무리하지 않는 범위에서 벌려 무릎 방향을 위로 가볍게 구부린다. 양손은 바닥에 붙인다.

스텝 2
숨을 내쉬면서 양손을 앞으로 펴고 무릎의 위치는 그대로 두고 천천히 상체를 앞으로 구부린다. 숨을 들이마시면서 원위치로 돌아온다. 10회 반복한다.

변비치료 1(풀기). 장 자극 스트레칭 1

변비의 주요원인은 운동부족과 스트레스입니다. 장에 적당한 자극을 주어 연동운동을 촉진하는 것과 기분을 이완시켜 스트레스를 해소하는 것이 중요합니다. 이 스트레칭은 다리를 배에 밀어붙여 장을 압박하고 자극해 정상적으로 움직이도록 촉진합니다. 다리로 완전히 장이 눌리는 것을 의식하면서 합니다. 몸이 굳어 무릎이 배에 닿지 않는 사람은 하복부에 둥글게 만 타월 등을 끼고 하면 좋습니다.

스텝 1
위를 보고 누워 한쪽 다리의 무릎을 굽혀 가슴 쪽으로 끌어당긴다. 이때 다리로 복부를 압박하도록 밀어내는 것이 포인트. 반대쪽도 같은 방법으로 한다. 몸이 굳어졌거나 마른사람은 하복부에 둥글게 만 타월을 끼고 한다.

스텝 2
양다리를 동시에 가슴으로 끌어당겨 20−30초간 유지한다.
왼쪽, 오른쪽 양다리가 1세트이다.

변비치료 2 (펴기). 장 자극 스트레칭 2

치료 1과 비슷하지만 이번에는 호흡을 의식하면서
상체를 붙여서 보다 강하게 장을 자극합니다. 이는 복
강 내에 쌓인 가스를 제거해 변비나 소화불량을 해소
합니다. 숨을 후−하고 내쉬면서 스트레칭 할 때 입부
터 배에 쌓인 가스를 전부 짜낸다고 상상하며 합니다.
깊은 호흡을 하는 것만으로도 스트레스 해소가 되고,
소화기관의 움직임도 정돈됩니다.

15분 트레이닝

스텝 1

위를 보고 누워 숨을 내쉬면서 상체를 일으키고, 동시에 한쪽 다리의 무릎을 가슴 쪽으로 끌어당겨 턱을 무릎에 갖다 대도록 한다. 이때 배에 찬 가스(공기)를 배출하도록 한다. 숨을 들이마시면서 원위치로 돌아온다. 반대쪽도 같은 방법으로 한다.

스텝 2

숨을 내쉬면서 상체를 일으키고 동시에 양다리의 무릎을 가슴으로 끌어당겨 턱을 무릎에 댄다. 이 자세로 20−30초간 유지한다. 왼쪽, 오른쪽 양다리가 1세트이다.

변비치료 3(단련하기).
장의 연동운동을 촉진하는 운동

걷거나 몸을 움직이는 것에 의해 자연스럽게 촉진되는 장의 연동운동을 운동에 의해 의식적으로 촉진합니다. 장을 움직이는 이 운동은 복부, 특히 직장 부위에 압력이 가해지기 때문에 위나 대장 등에 마사지되어 내장이 강화됩니다. 이 운동으로 변비해소뿐만 아니라 변이 부드러워지고 복근도 단련되기 때문에 하복부의 피하지방을 제거하는 데 효과적입니다. 배를 등에 붙인다는 생각으로 들어가게 하고 배가 아플 정도로 내보내 배고파지도록 리드미컬하게 하는 것이 포인트입니다.

15분 트레이닝

스텝 1

책상다리로 바닥에 앉고(혹은 의자에 걸터앉아도 된다) 상체를 이완시켜 양팔을 좌우 겨드랑이에 댄다. 양 무릎을 약간 올려 등을 둥글게 배꼽을 본다.

스텝 2

충분히 숨을 내뱉고 배꼽을 등뼈에 가깝게 해 숨을 멈춘다. 이때 숨이 새어 나올 것 같으면 코를 잡아도 된다. 이 상태에서 복부를 내밀고 또 다시 꺼지게 등에 근접시키는 동작을 리드미컬하게 10회 반복한다.

O다리 치료 1(풀기).
다리 안쪽 근육을 의식하는 스트레칭

　다리를 모아 바로 설 때 무릎과 무릎 사이에 틈이 생기지는 않습니까? O다리는 뼈의 변형이 아니라 다리 안쪽 근육이 약해지기 때문에 생기는 경우가 대부분입니다. 다리 안쪽에 힘이 들어가지 않기 때문에 무릎이 비뚤어져 체중이 바깥쪽으로 치우쳐 버리는 것입니다. 구두 바깥쪽만 달아 버리는 사람은 요주의! 젊을 때부터 주의하지 않으면 나이 듦에 따라 변형성관절증이 되어 허리에 부담이 가는 원인이 되기도 합니다. 무릎과 복사뼈 2군데에 낀 캔이 떨어지지 않도록 다리 안쪽을 조입니다.

15분 트레이닝

스텝 1

의자에 살짝 걸터앉아 무릎과 복사뼈 2군데에 같은 크기의 주스 캔(공, 쿠션 같은 것도 괜찮다)을 낀다. 상체는 배꼽을 등에 근접시킨다는 생각으로 등줄기를 똑바로 편다. 캔이 떨어지지 않도록 다리 안쪽에 힘을 넣는다.

스텝 2

발끝을 바닥에 붙인 채 발뒤꿈치를 올렸다 내렸다 하는 동작을 10회 반복한다.

스텝 3

이번에는 발뒤꿈치를 바닥에 대고 발끝을 올렸다 내렸다를 10회 반복한다.

O다리 치료 2(펴기).
다리 안쪽을 펴는 스트레칭

다리의 밑관절을 회전시켜 대퇴골의 근육을 사용해 다리를 바깥쪽으로 여는 운동입니다. 이 동작은 허벅지 안쪽 근육의 강화와 고관절의 유연성을 키워 허리 고정에도 좋을 뿐 아니라 O다리를 개선해 다리를 아름답게 보이는 효과가 있습니다.

스텝 1
위를 보고 누워 무릎을 세운다. 한쪽 다리는 수직으로 올려 발끝을 편다.

15분 트레이닝

스텝 2

수직으로 올린 다리를 허벅지 안쪽, 무릎, 발끝 순으로 바깥쪽으로 향한다. 원위치로 돌아와서 2-3회 반복한다. 반대쪽도 같은 방법으로 한다.

좀 더 가능한 사람은
스텝 3

수직으로 올린 다리를 다른 쪽 세운 다리의 허벅지와 같은 높이까지 내려 다리를 바깥쪽으로 벌리는 동작을 2-3회 반복한다. 반대쪽도 같은 방법으로 한다.

O다리 치료 3 (단련하기).
내전근(內轉筋) 단련운동

　허벅지 안쪽 근육(＝내전근(內轉筋))을 단련하는 것으로 O다리를 개선하는 운동입니다. 내전근(內轉筋)이 강화되어 다리 안쪽 전체로 체중이 실리면 무릎도 자연히 힘이 들어가기 때문에 편한 자세로 서 있을 때에도 다리가 완전히 펴지게끔 됩니다. 위를 향해 누워 하는 이 운동은 상반신이 안정적으로 고정되기 때문에 목이나 등, 허리에 무리한 부담이 가지 않아 내전근(內轉筋)에 의식을 집중해서 할 수 있습니다.

15분 트레이닝

스텝 1
위를 보고 누워 양다리를 펴고 발끝을
천장으로 향해 곧장 올린다.

스텝 2
양다리를 약간 벌려 무릎을 편 채
안쪽으로 향하게 하고 다리와 다
리를 부딪친다. 10회 반복한다.

스텝 3
양다리를 약간 벌려 무릎을 편 채
발끝을 교차시킨다. 10회 반복한다.

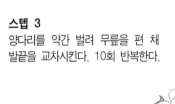

부종치료 1(풀기).
다리 경혈을 자극하는 대사 촉진마사지

다리 등이 쉽게 붓는다는 것은 혈액순환이 나빠 신진대사가 잘되지 않는다는 증거입니다. 순환이 잘 안 돼 노폐물 배출이 어려워 노폐물이 몸 안에 쌓여 부종이 되는 것입니다. 부종을 해소하기 위해서는 혈액순환을 촉진하여 몸의 여러 기관의 움직임을 원활하게 하는 것이 중요합니다. 그래서 추천하고 싶은 운동이 다리의 경혈 자극입니다. 다리에는 전신의 기관과 관련된 경혈이 집중되어 있기 때문에 다리를 자극하면 전신이 풀려 임파선의 흐름도 원활하게 되고, 호르몬의 분비도 활발해 집니다. 때때로 다리의 경혈을 눌러주어 긴장을 풉니다.

* 숨을 내쉬면서 엄지손가락에 체중을 실어 경혈을 누르고 들이마시면서 원위치로 돌아온다. 번갈아 3 – 5회 실시한다.

15분 트레이닝

발가락을 잡아당겨 돌린다.

발가락을 하나하나 잡아당기면서 돌리면 전신의 순환이 좋아지고 내장의 움직임도 활발해진다.

용천(龍泉)

발가락을 안쪽으로 구부렸을 때 생기는 움푹한 곳의 중심부근을 용천이라 한다. 부종 이외에 피로, 스트레스, 부인병 등 모든 면에 효과가 있는 원기의 근원이라는 경혈이다.

삼리혈(三里穴)

정강이의 바깥쪽 무릎에서부터 손가락 4마디 정도 아래부근에 위치한다. 부종, 냉증에 효과가 있으며 위장의 움직임도 원활하게 해 준다.

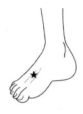

대충(大衝)

엄지발가락과 검지발가락의 뿌리부분이 교차하는 지점이다. 갑상선호르몬의 분비와 관계가 있으며 냉증개선에도 효과적이다.

합곡(合谷)

엄지손가락과 검지의 뿌리부분이 교차하는 지점에 위치한다. 장의 움직임을 활발하게 하는 효과가 있다.

부종치료 2 (펴기).
기 (氣) 순환을 좋게 하는 '8자' 운동

8자를 그리듯이 몸을 움직여서 전신을 천천히 풀어 기의 흐름을 좋게 하는 운동입니다. 원운동은 직선적

15분 트레이닝

인 운동에 비해서 차분한 동작이기 때문에 몸에 부담이 되지 않아 관절을 부드럽게 하거나 근육을 푸는데 효과적입니다. 8자 운동은 원운동의 변형이지만 효과는 같습니다. 손끝부터 서서히 전신으로 8자 동작을 크게 하여 막혀있던 기의 흐름을 조금씩 개선해 전신 순환을 좋게 합니다.

한쪽 팔의 손가락 끝으로 8자를 그린다. 서서히 손목 → 팔 → 전신으로 동작을 크게 해 간다. 전신의 기의 흐름을 느끼면서 편안하게 한다. 반대 팔도 같은 방법으로 한다. 마지막엔 양팔을 함께 한다.

부종치료 3(단련하기).
전신의 혈액순환을 촉진하는 연속운동 스트레칭

일련의 동작을 통해 전신을 무리 없이 펴서 혈액순환이나 신진대사를 촉진하는 스트레칭입니다. 어깨나 등, 무릎이나 다리 안쪽이 스트레칭 되기 때문에 몸의 긴장이나 결림을 풀고 피로를 푸는 데 효과적입니다. 순환이 좋아지면 부종이 해소될 뿐 아니라 전신의 컨디션이 좋아져 자율신경도 안정되어 기분전환에 도움이 됩니다.

스텝 1
기는 자세로 발뒤꿈치를 띄운다.

15분 트레이닝

스텝 2
숨을 들이마시면서 양 손과 양다리의 발끝으로 바닥을 밀고 배를 집어넣어 역V자로 만든다.

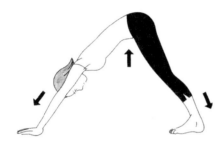

스텝 3
숨을 내쉬면서 발끝을 바닥에 대고 다리 안쪽을 스트레칭 해 원위치로 돌아온다.

스텝 4
스텝①-③을 2-3회 반복한 후, 엉덩이를 발뒤꿈치에 얹고 정좌를 하고 상체를 스트레칭 한다.

스트레스 치료 1(풀기). 근육을 움직이는 워밍업

마음의 긴장을 풀기 위해서는 근육의 긴장을 풀어 몸을 이완시켜 주는 것이 중요합니다. 또한 호흡은 심신과도 깊은 연관이 있습니다. 깊은 호흡을 하면 혈압이 내려가 맥박수도 적어지기 때문에 스트레스 해소가 됩니다.

스텝 1
벽에 양손을 대고 한쪽 무릎을 구부려 앞으로 내밀고 다른 한쪽 다리를 조금 뒤로 놓고 선다. 상체를 앞으로 숙여 정강이를 스트레칭 한다. 반대쪽도 같은 방법으로 한다.

스텝 2

양다리를 어깨넓이로 벌리고 서서 배를 등뼈에 붙인다는 생각으로 등을 둥글게 하여 등 근육을 푼다.

스텝 3

양다리를 어깨넓이로 벌려 서서 뒤로 돌린 양팔을 아래로 잡아당겨 몸의 앞쪽을 스트레칭 한다.

스트레스 치료 2(단련하기).
마음의 피로를 해소하는 전신운동

좋아하는 음악에 맞춰 리드미컬하게 15-30분 지속해서 하는 것이 효과적입니다. 땀을 흘리고 상쾌해지는 것만으로도 스트레스 해소에 충분한 효과가 있지만, 적혈구의 헤모글로빈 양이 증가해 산소를 흡수하기 쉬운 몸이 되는 등 건전한 몸 가꾸기에도 효과가 있습니다. 또한 체력이나 면역력이 높아져 피로를 풀기가 쉽고 전체적으로 신체의 잠재력을 향상시킵니다. 여기에서는 기본적인 것을 소개하겠습니다. 가능하면 형식에 치우치지 말고 음악에 맞춰 자유롭게 몸을 움직입니다.

15분 트레이닝

스텝 1

팔은 90도로 굽히고 발은 부드럽게 음악에 맞춰 그 자리에서 걷는다. 손을 두들기거나 팔을 올렸다 내렸다 하는 등 다리 동작을 멈추지 말고 하고 싶은 만큼 팔 동작을 다양하게 한다.

스텝 2

제자리 걷기에서 앞이나 뒤, 경사면, 옆, 돌기 등 이동하면서 한다. 하나의 동작은 8박자가 기본이다. 8박자 앞으로 나아갔다가 8박자 뒤로 물러서며 음악에 맞추어서 한다.

스텝 3

그 자리에서 가볍게 뛰면서 움직인다. 중심을 상하 운동하여 심박수를 올리는 것이 포인트이다. 줄넘기를 하거나 조깅을 하는 듯한 이미지로 한다. 많이 힘들어지면 다시 제자리 걷기로 돌아가 천천히 심박수를 낮춘다.

불면치료 1(풀기).
몸을 기분 좋게 푸는 운동

잠버릇이 험하거나 피곤하지만 잠을 못 잘 때에는 어깨나 목이 굳어 목부터 위쪽으로 피로가 쌓여 그러는 경우가 있습니다. 그럴 때에는 상반신부터 전신의 긴장을 천천히 푸는 운동이 효과적입니다. 근육의 긴장을 풀면 혈액순환이나 신진대사에 좋고 중추신경에도 좋은 자극을 줄 수 있습니다. 취침 전 잠깐 하는 동작으로 마음도 편안해지고 기분 좋게 잠들 수 있을 것입니다.

스텝 1

양다리를 어깨넓이로 벌려 서고 어깨부터 팔에 힘을 뺀 채 진동자처럼 리드미컬하게 움직인다. 전신의 힘을 뺀 팔 이외의 부분은 움직이지 않는다. 10회 반복한다.

스텝 2

양팔은 축 늘어뜨린 채 힘을 뺀다. 숨을 내쉬면서 몸을 축으로 해 허리를 돌린다. 양팔은 둥둥 북처럼 자연히 움직이도록 한다. 움직일 때 허리나 팔에는 힘을 주지 않고, 허리를 비트는 대로 팔이 몸에 감기도록 한다. 10회 반복한다.

스텝 3

무릎에 힘을 빼고, 무릎부터 그 아래를 가볍게 진동운동으로 상하 흔든다. 이것에 맞춰 양팔도 자연스럽게 흔들흔들 흔든다. 10회 반복한다.

불면치료 2 (펴기).
발목의 피로를 푸는 아킬레스건 스트레칭

치료 1에서 목이나 어깨 등에 피로가 쌓이면 불면의 원인 중 하나라고 서술했지만, 발목 결림도 불면에 관련이 있다고 합니다. 좀처럼 잠들기 힘들 때에는 발목이 피로해서 굳어졌을 가능성이 있습니다. 발목, 특히 아킬레스건을 펴 주는 것만으로도 막히기 쉬운 말단의 혈액순환이 좋아져 몸이 가볍게 느껴지게 될 것입니다. 엎드린 채 발목을 움직이는 것만으로도 간단한 스트레칭이 되므로 반드시 자기 전에 해 봅니다.

스텝 1　엎드린다.

15분 트레이닝

스텝 2 발끝을 세워 발뒤꿈치를 위로 해서 발목을 세운다. 10-15초간 유지한다.

불면치료 3 (휴식) .
자연스럽고 편하게 수면으로 이끄는 호흡법

깊은 호흡은 피곤한 신경을 가라앉히고 대흉을 쉬게 해주는 효과가 있습니다. 마음이 편안해져 기분 좋게 잠자리에 들 수 있을 것입니다. 위를 보고 누워 몸도 이완시키고 복식호흡에 의해 몸이 따뜻해져 간다는 상상을 하는(이미지요법) 것이 요령입니다. 이때 자신이 기분 좋다고 느끼는 음악을 틀어놓고(음악요법), 마음에 드는 향기를 사용하는(아로마요법) 것도 신경을 편안하게 하는 데 대단히 효과가 있습니다.

위를 보고 누워 양팔, 양다리를 편안하게 펴고(무릎을 세워도 괜찮다) 천천히 복식호흡을 한다. 이때 깊은 호흡과 함께 배가 점점 따뜻해지고 그 에너지가 전신으로 이동되어 가는 듯한 상상을 하는 것이 포인트입니다. 또한 신선한 공기를 들이마셔 몸 안이 깨끗해져 가는 듯한 상상을 합니다.

186

· 역자 ·

김종희   **·약 력·**
한양대학교 체육학 박사

상명대학교 사회체육학부 교수
한국에어로빅스 건강과학협회 부회장
한국레저스포츠학회 회장
한국체육정책학회 부회장
MBC 꿈나무 축구재단 이사
한국여성사격연맹 회장 역임
한국여자축구연맹 회장 역임
대한 레저스포츠협의회 회장 역임

노형미   **·약 력·**
상명여자대학교 일어교육과
일본여자대학원 석사
일본여자대학원 박사

현재 평택대학교, 백석대학교 등 강사

신경하   **·약 력·**
동덕여자대학교 대학원 체육학 박사

한국권투위원회 국제심판
WBC 국제심판
세계우드볼협회 국제심판
한국레저스포츠학원 편집위원
한국걸스카웃 조직위원
동덕여자대학교, 상명대학교, 중앙대학교 등 강사

15분
트레이닝

- 초판 인쇄   2008년 7월 28일
- 초판 발행   2008년 7월 28일

- 옮 긴 이   김종희, 노형미, 신경하
- 펴 낸 이   채종준
- 펴 낸 곳   한국학술정보㈜
            경기도 파주시 교하읍 문발리 513-5
            파주출판문화정보산업단지
            전화   031) 908-3181(대표) · 팩스   031) 908-3189
            홈페이지   http://www.kstudy.com
            e-mail(출판사업부)   publish@kstudy.com
- 등   록   제일산-115호(2000. 6. 19)
- 가   격   12,000원

ISBN   978-89-534-9819-8 93690 (Paper Book)
       978-89-534-9820-4 98690 (e-Book)